中国社会科学院国情调研特大项目"精准扶贫精准脱贫百村调研"

精准扶贫精准脱贫百村调研丛书

CASE STUDIES OF TARGETED POVERTY REDUCTION AND
ALLEVIATION IN 100 VILLAGES

李培林／主编

精准扶贫精准脱贫百村调研·
公众村、章麦村、巴吉村卷

西藏农林地区脱贫之路

安　山　张　鹏　刘思鸣／著

社会科学文献出版社

SOCIAL SCIENCES ACADEMIC PRESS (CHINA)

中国社会科学院国情调研特大项目
"精准扶贫精准脱贫百村调研"
项目协调办公室

主　任：王子豪
成　员：檀学文　刁鹏飞　闫　珺　田　甜　曲海燕

总　序

　　调查研究是党的优良传统和作风。在党中央领导下，中国社会科学院一贯秉持理论联系实际的学风，并具有开展国情调研的深厚传统。1988年，中国社会科学院与全国社会科学界一起开展了百县市经济社会调查，并被列为"七五"和"八五"国家哲学社会科学重点课题，出版了《中国国情丛书——百县市经济社会调查》。1998年，国情调研视野从中观走向微观，由国家社科基金批准百村经济社会调查"九五"重点项目，出版了《中国国情丛书——百村经济社会调查》。2006年，中国社会科学院全面启动国情调研工作，先后组织实施了1000余项国情调研项目，与地方合作设立院级国情调研基地12个、所级国情调研基地59个。国情调研很好地践行了理论联系实际、实践是检验真理的唯一标准的马克思主义认识论和学风，为发挥中国社会科学院思想库和智囊团作用做出了重要贡献。

　　党的十八大以来，在全面建成小康社会目标指引下，中央提出了到2020年实现我国现行标准下农村贫困人口脱贫、贫困县全部"摘帽"、解决区域性整体贫困的脱贫攻坚目标。中国的减贫成就举世瞩目，如此宏大的脱贫目标世所罕见。到 2020 年实现全面精准脱贫是党的十九大提出的三大攻坚战之一，是重大的社会目标和政治任务，中国的贫困地区在此期间也将发生翻天覆地的变化，而变化的过程注定不会一帆风顺或云淡风轻。记录这个伟大的过程，总结解决这个世界性难题的经验，为完成这个攻坚战献计献策，是社会科学工作者应有的责任担当。

2016 年，中国社会科学院根据中央做出的"打赢脱贫攻坚战"战略部署，决定设立"精准扶贫精准脱贫百村调研"国情调研特大项目，集中优势人力、物力，以精准扶贫为主题，集中两年时间，开展贫困村百村调研。"精准扶贫精准脱贫百村调研"是中国社会科学院国情调研重大工程，有统一的样本村选择标准和广泛的地域分布，有明确的调研目标和统一的调研进度安排。调研的 104 个样本村，西部、中部和东部地区的比例分别为 57%、27% 和 16%，对民族地区、边境地区、片区、深度贫困地区都有专门的考虑，有望对全国贫困村有基本的代表性，对当前中国农村贫困状况和减贫、发展状况有一个横断面式的全景展示。

在以习近平同志为核心的党中央坚强领导下，党的十八大以来的中国特色社会主义实践引导中国进入中国特色社会主义新时代，我国经济社会格局正在发生深刻变化，脱贫攻坚行动顺利推进，每年实现贫困人口脱贫 1000 多万人，贫困人口从 2012 年的 9899 万人减少到 2017 年的 3046 万人，在较短时间内实现了贫困村面貌的巨大改观。中国社会科学院组建了一百支调研团队，动员了不少于 500 名科研人员的调研队伍，付出了不少于 3000 个工作日，用脚步、笔尖和镜头记录了百余个贫困村在近年来发生的巨大变化。

根据规划，每个贫困村子课题组不仅要为总课题组提供数据，还要撰写和出版村庄调研报告，这就是呈现在读者面前的"精准扶贫精准脱贫百村调研丛书"。为了达到了解国情的基本目的，总课题组拟定了调研提纲和问卷，要求各村调研都要执行基本的"规定动作"和因村而异的"自选动作"，了解和写出每个村的特色，写出脱贫路上的风采以及荆棘！对每部报告我们都组织了专家评审，由作者根据修改意见进行修改，直到达到出版要求。我们希望，这套丛书的出版能为脱贫攻坚大业写下浓重的一笔。

中共十九大的胜利召开，确立习近平新时代中国特色社会主义思想作为各项工作的指导思想，宣告中国特色社会主义进入新时代，中央做出了社会主要矛盾转化的重大判断。从现在起到 2020 年，既是全面建成小康社会的决胜期，也是迈向第二个百年奋斗目标的历史交会期。在此期间，国家强调坚决打好防范化解重大风险、精准脱贫、污染防治三大攻坚战。2018 年春节前夕，习近平总书记到深度贫困的四川凉山地区考察，就打好精准脱贫攻坚战提出八条要求，并通过脱贫攻坚三年行动计划加以推进。与此同时，为应对我国乡村发展不平衡不充分尤其突出的问题，国家适时启动了乡村振兴战略，要求到 2020 年乡村振兴取得重要进展，做好实施乡村振兴战略与打好精准脱贫攻坚战的有机衔接。通过调研，我们也发现，很多地方已经在实际工作中将脱贫攻坚与美丽乡村建设、城乡发展一体化结合在一起开展。可以预见，贫困地区的脱贫攻坚将不再只局限于贫困户脱贫，我们有充分的信心从贫困村发展看到乡村振兴的曙光和未来。

是为序！

全国人民代表大会社会建设委员会副主任委员

中国社会科学院副院长、学部委员

2018 年 10 月

前　言

　　反贫困是古今中外治国理政的一件大事。消除贫困、改善民生、逐步实现共同富裕，是社会主义的本质要求，是我们党的重要使命。改革开放 40 多年来，按照世界银行每人每天 1.9 美元的国际贫困标准，我国 8 亿多贫困人口脱贫，谱写了人类反贫困历史新篇章。[①] 中国精准扶贫精准脱贫方略为全球贫困治理贡献了中国智慧。中国扶贫不仅解决了世界贫困的重大难题，而且为全球脱贫工作提供了很好的经验。

　　党的十八大以来，党中央坚持以人民为中心的发展理念，把脱贫攻坚摆在更加突出的位置，明确了到 2020 年我国现行标准下农村贫困人口实现脱贫、贫困县全部摘帽、解决区域性整体贫困的目标任务。我们党坚持精准扶贫精准脱贫基本方略，汇聚全社会的磅礴力量，打响脱贫攻坚战，向贫困发起总攻，脱贫攻坚力度之大、规模之广、影响之深，前所未有，取得了决定性进展，显著改善了贫困地区和贫困群众生产生活条件。贫困人口从 2012

---

　　① 《迈向没有贫困、共同发展的未来》，《人民日报》2019 年 10 月 18 日，第 3 版。

年底的 9899 万人减到 2019 年底的 551 万人，贫困发生率由 10.2% 降至 0.6%，连续 7 年每年减贫 1000 万人以上。到 2020 年 2 月底，全国 832 个贫困县中已有 601 个宣布摘帽，179 个正在进行退出检查，未摘帽县还有 52 个，区域性整体贫困基本得到解决。①

习近平总书记指出："脱贫攻坚，精准是要义。必须坚持精准扶贫、精准脱贫，坚持扶持对象精准、项目安排精准、资金使用精准、措施到户精准、因村派人（第一书记）精准、脱贫成效精准等'六个精准'，解决好扶持谁、谁来扶、怎么扶、如何退问题，不搞大水漫灌，不搞'手榴弹炸跳蚤'，因村因户因人施策，对症下药、精准滴灌、靶向治疗，扶贫扶到点上扶到根上。"② 精准扶贫精准脱贫是新一轮扶贫开发攻坚战最突出的特征。当前，我国精准扶贫进入决战决胜的关键时期。中国社会科学院组织实施精准扶贫精准脱贫百村调研国情调研特大项目③，聚焦全国范围内兼具代表性和典型性的贫困村，对村庄基本状况、贫困状况及其演变、贫困的成因、减贫历程和成效展开专题性研究，为及时了解和发现我国当前处于脱贫攻坚战最前沿的贫困村的贫困状况、脱贫动态和社会经济发展趋势，从村庄脱贫实践中总结精准扶贫精准脱贫的经验教

---

① 习近平：《在决战决胜脱贫攻坚座谈会上的讲话》，《人民日报》2020 年 3 月 7 日，第 2 版。
② 中共中央党史和文献研究院编《习近平扶贫论述摘编》，中央文献出版社，2018，第 82~83 页。
③ 根据《关于加强和改进国情调研工作的意见》规定，2016 年中国社会科学院组织实施精准扶贫精准脱贫百村调研国情调研特大项目，拟在全国范围内选择 100 个贫困村同时开展调研，并开展整体性研究。

训，为加快推进深度贫困地区脱贫攻坚、服务全国减贫事业大局提供参考和借鉴。

西藏自治区是全国唯一的省级集中连片特困地区，整体处于深度贫困状态。受历史和自然的影响，西藏海拔高、气候恶劣、资源匮乏，生存条件差，社会发育程度低，脱贫攻坚任务十分艰巨。西藏又属民族地区、边疆地区，脱贫任务更具特殊性。近年来，西藏自治区融合精准扶贫和区域协同发展两大战略的推进路径，围绕"扶谁的贫？谁去扶贫？怎么扶贫？"，在顶层设计、产业扶贫、易地搬迁等方面下大力气精准扶贫，落实精准方略，采取超常举措，下足绣花功夫。通过建档立卡，精准识别扶贫对象，创新"合作社＋能人＋贫困户""党支部＋能人＋贫困户"等精准扶贫模式，降低贫困发生率。2016年，全区14.7万贫困人口脱贫。2017年，全区25个贫困县区达到脱贫摘帽条件，1705个贫困村退出，15万建档立卡贫困人口脱贫，易地扶贫搬迁大力推进，各项目标任务圆满完成。林芝市位于西藏自治区东南部，平均海拔2980米，属藏东深山峡谷贫困地区。党的十八大以来，林芝市高度重视脱贫攻坚工作，坚持扶志与智扶并重，严格落实"地市直管、县抓落实、乡镇专干"脱贫攻坚机制，层层签订目标责任书，立下"军令状"，逐级靠实责任，形成全党动员、政府推动、市场带动、部门互动、上下联动、全民参与的扶贫开发格局，确保贫困群众人均可支配收入年均增长16％以上。林芝市巴宜区位于西藏东南部，雅鲁藏布江中游地带，平均海拔3000米，集边疆少数民族地区、藏东农林贫困地区于一体，物质资本、社会资本和人力资本相对匮乏，贫困人口分布较广、贫困程度较深。2016年年初，巴宜区仅建档立卡的贫困人口就有556户1546人，占农牧民总人口的近10%。巴宜区以稳定实现贫困人口"三不愁""三有"①为目标，完善专项、行业、社会、金融、援藏"五位一体"大扶贫格局和扶贫对象瞄准识别机制，采取"基地+""旅游+""生态+"等开发模式，严格落实扶贫脱贫目标管理责任制，脱贫攻坚取得决定性胜利。截至2016年底，全区完成建档立卡550户1514人的减贫任务，减贫人口占年度建档立卡人口的98%，退出贫困村67个，贫困发生率由8.89%降至0.18%。2017年11月1日，巴宜区成为全国第二批26个、林芝市首个脱贫摘帽县区。

公众村、章麦村、巴吉村均属少数民族聚居区、藏东农林贫困地区。本次调研对于反映西藏农林地区乡村经济社会发展情况，彰显民族地区特色扶贫亮点；对于传承藏区历史和文明，继承和发扬民族文化，加强民族团结，增进民族自豪感；对于全面展现西藏经济社会发展的历史脉络，真实记录西藏与祖国一脉相承、荣辱与共，用无可辩驳的事实展现在党的领导下西藏经济社会建设取得的巨大成就，有着重要作用。

近年来，在党中央精准扶贫精准脱贫基本方略指引下，公众村、章麦村、巴吉村通过狠抓基础设施建设、狠

---

① "三不愁"是指不愁吃、不愁穿、不愁住，"三有"是指有技能、有就业、有钱花。

抓脱贫攻坚工作、狠抓保障改善民生、狠抓特色产业发展、狠抓深化改革开放等，一改"灌水式""输血式"的传统扶贫模式，因地制宜，精准施策，实现整体脱贫、全面脱贫，是西藏农林地区精准扶贫精准脱贫的典范。公众村、章麦村、巴吉村村情不同、各具特色，扶贫开发的具体措施有一定的差异性。本次调研基于大量实践素材，通过调查问卷、座谈走访等形式进行实证研究和比较研究，对于探索西藏农林地区脱贫攻坚路径具有一定的借鉴意义和参考价值。

本课题结构安排如下。

第一章介绍藏东农林贫困镇——林芝市巴宜区八一镇的基本镇情和扶贫开发情况。概述了八一镇精准扶贫过程中采取的举措和取得的成绩，特别介绍了八一镇精准扶贫项目。简要说明公众村、章麦村、巴吉村精准扶贫调研方法与指标体系。

第二章至第四章，依次介绍公众村、章麦村、巴吉村的基本情况，包括自然、经济、人文等方面，在此基础上重点介绍三个村庄精准扶贫精准脱贫调研情况，并从调研户基本情况、住房情况、收入支出情况、健康情况、就业情况、教育情况以及村民自治、社会联系、生活满意度等角度对调研结果进行分析。

第五章是公众村、章麦村、巴吉村精准扶贫精准脱贫比较研究。在总结概括三个村庄脱贫实践的基础上，对三个村庄脱贫绩效进行比较研究，包括村情比较、建档立卡贫困户情况比较、帮扶措施比较、脱贫成效比较、脱贫模式比较等，一定程度上丰富了西藏农林地区精准扶贫研究，这也是本课题的着力点和创新之处。

第六章是对公众村、章麦村、巴吉村精准扶贫工作的建议与思考。针对现阶段三个村庄的现实状况和面临的问题，就如何长期稳定持续地脱贫提出对策建议，并进一步探讨藏东农林地区特色优势产业助力高质量脱贫的示范作用和借鉴意义。

目　录

第一章

藏东农林贫困镇——林芝市巴宜区八一镇

习近平总书记指出，全面实现小康，少数民族一个都不能少，一个都不能掉队。[1]中国西藏的东南部，念青唐古拉山东南麓，中国景观大道318国道和雅鲁藏布江及其支流尼洋河自然大通道交会处是西藏自治区第三大城市林芝市委、市政府，巴宜区委、区政府所在地——八一镇。八一镇周边聚集了林芝、西藏乃至中国最美的景观：世界第一深峡谷——雅鲁藏布大峡谷、中国最美山峰——南迦巴瓦峰、中国最美瀑布——藏布巴东瀑布群、中国最美森林——岗乡云杉林、中国最美冰川——米堆冰川。2005年和2007年，《中国国家地理》先后将"中国最美的地方""十大新天府之一""寻找世外桃源第二名"冠予林

第一章

藏东农林贫困镇——林芝市巴宜区八一镇

---

[1] 中共中央党史和文献研究院编《习近平扶贫论述摘编》，中央文献出版社，2018，第6页。

芝。同时，八一镇也是藏东农林地区贫困镇，扶贫难度较大，脱贫成本较高。

第一节　八一镇基本镇情

八一镇[①]，原名拉日嘎，坐落于川藏线318国道尼洋河畔，平均海拔3000米。城区西与巴宜区更章门巴民族乡相连，东与林芝镇毗邻，南与布久乡相接。

一　区位交通

八一镇地处东经94°14'、北纬29°40'，是林芝市政治、经济、文化、交通中心，318国道连接昌都和西藏自治区首府拉萨的重要节点。向西距离拉萨市406千米，向东距离四川省成都市1734千米，向南距离米林县70千米。

二　建置沿革

古时，今八一镇所在的林芝等区域被称为工布哲那（以下简称工布，工布为部落名、地名，为当时西藏域内的十二小邦之一）。公元1世纪前后，吐蕃第七代赞普止

① 本节内容主要参见《八一镇志》，方志出版社，2018。

贡之子夏赤在工布建立政权，成为首领。吐蕃时期属约茹管辖。吐蕃政府灭亡后，由工噶布王后裔统治。公元13世纪中叶以后，由萨迦政权受元中央政府之命管辖。公元14世纪50年代，由帕竹政权受元、明两代中央政府之命管辖。公元17世纪中前期，西藏地方政权藏巴汗政权和甘丹颇章政权先后在今巴宜区内设觉木等宗（宗相当于今县一级行政区划）。清中前期，今八一镇境内除尼西村、多布村之外，其余各村均属觉木宗管辖。民国时期，西藏地方政府于1917年在今林芝地区设工布基巧，作为林芝地区总管。则拉、觉木、德木三宗隶属工布基巧管理。1951年5月23日，西藏和平解放。1956年，西藏自治区筹备委员会成立，设立塔工基巧办事处，归塔工基巧办事处管辖。1959年9月，林芝县人民政府成立，隶属林芝县，归塔工专署管辖。1960年改属林芝专署。1964年6月，林芝专署撤销，林芝县划归拉萨市管辖。1973年11月，八一镇成立，主管八一城区、八一新村、加当嘎村。1986年2月，林芝地区行政公署恢复成立，八一镇复归林芝县管辖。1987年10月，建立新的八一镇人民政府。2005年10月9日，林芝县人民政府驻地由林芝镇尼池迁至八一镇。2015年，撤地设市，撤销林芝地区和林芝县，设立林芝地级市，原林芝县更名为巴宜区，八一镇划归巴宜区。八一镇辖1个街道（八一城区街道办公室）、11个村（拉丁嘎村、巴吉村、永久村、章麦村、巴果绕村、加乃村、多布村、尼西村、公众村、唐地村、加当嘎村）。

三　自然环境

（一）地质地貌

八一镇境内具有复杂的地质演化历史。距今 2.6 万 ~2 万年，由于雅鲁藏布江至白段（今米林县境内）发生重大堵江事件，上游出现巨大的堰塞湖，八一镇城区至两江交汇处宽谷沉积即在此时形成。直至今日，区内的雅鲁藏布江板块结合带仍有一定活动，加之区内特殊的气候环境影响，境内地质灾害频发。位于八一镇境内的永久村山体、唐地村的措木及日湖周边山体、巴果绕村山体及加乃村山体是地质灾害重灾区。

八一镇东起巴吉村，西至多布村和加乃村，东西距离 30 余千米，沿尼洋河谷一字分布，整体地势相对平缓。境内海拔超过 6000 米的山脉主要有尼西村东山沟和西山沟等地的数座山峰，巴果绕村的邦雄吉日再雪山，唐地村的格尼山、叶达山，公众村的旺都山。

所有村落都傍尼洋河，村庄周边山体都存在冰川活动现象，水资源极其丰富。境内湖泊较多，多为外流堰塞湖，由冰川谷形成，多数湖水以冰雪融水补给为主。湖岸四周花草丛生，森林茂密，土地肥沃，利于农耕。最大的湖泊是位于唐地村的措木及日湖。

（二）气候特征

八一镇地处西藏自治区东南部，受印度洋暖湿气流的影响，境内气候温和湿润，属高原温带半湿润季风气候区。气候温和，雨量充沛、多夜雨，日照充足，无霜期较长，昼夜温差大，冬季干燥，夏季湿润无高温。雨季开始较早，结束晚，降水多。冬半年降水量仅占全年的10%，夏半年降水量占全年的90%。常见气象灾害有洪涝、干旱、雷暴、霜冻、冰雹、雪灾、大风。

（三）土壤与植被

1986年林芝县土地资源调查结果显示，八一镇境内的土壤分为10个土类、17个亚类、25个土属和49个土种。

高山灌丛草甸土主要分布于海拔4800米至5000米的高山地带，其上部为裸岩石块地，下连亚高山灌丛草甸土，占全镇国土面积的8%。

亚高山灌丛草甸土主要分布于海拔4200米至4700米，占全镇土地面积的22%。所处地形较高，多分布于中高平缓的高原上，陡坡地形含量较少。上接高山灌丛草甸土，下邻棕壤土类。

棕壤主要分布于海拔3100米至4500米的山地，占全镇境内约30%的土地面积。成土母质多为各种母岩的残坡积物和少量的洪积物、冲积物。

植被以针阔叶混交林为主，也有一定面积的纯针叶林与阔叶林。林下植被有一定数量的灌丛及草本植物。

四　人口与民族

（一）人口源流

八一镇是一个多民族聚居区，其中藏族人口最多。1951 年中国人民解放军进军西藏，1959 年民主改革，由于工作需要，大批汉族和其他少数民族干部、职工投身到西藏的社会主义建设中，八一镇境内汉族居民逐渐增多。改革开放后，陆续进藏工作的其他少数民族群众也逐渐增多。

（二）民族构成

八一镇境内民族有汉族、藏族、门巴族、珞巴族、怒族、独龙族、傈僳族、纳西族、白族以及未确认民族归属的僜人。

五　经济发展

（一）旅游产业

旅游产业是林芝市巴宜区的主导产业，从 2000 年开始，林芝市以八一镇为中心，大力开展特色旅游、生态旅游、乡村旅游。到 2015 年，八一镇城区及周边旅游总收入突破 20 亿元。八一镇 11 个行政村有 546 人从事旅游业，年人均增收 4800 余元。

（二）种植业

八一镇主要农作物有青稞、油菜、小麦、玉米、荞麦和各类蔬菜。2015 年，八一镇 11 个行政村共有耕地面积 5693.15 亩，农作物总产量达 2583.96 吨。蔬菜品种达 40 多种，主要品种有萝卜、葱、圆白菜、白菜、马铃薯等。蔬菜种植面积达 1125 亩，年产蔬菜 743.7 吨，蔬菜自给率达 95% 以上。

（三）畜牧业

八一镇自然条件复杂，牲畜种类较多，主要有牦牛、黄牛、犏牛、绵羊、山羊、猪、马等畜种。2015 年，八一镇牲畜存栏 23312 头，其中大牲畜 16800 头，家畜以牛、羊、猪为主，其次是马。家禽以鸡为主，共 26516 羽。肉食总产量 278.03 吨，其中牛肉 125.69 吨、猪肉 152.34 吨。酥油产量 44.84 吨，奶渣产量 22.42 吨。

（四）特色产业

近年来，八一镇借助旅游资源优势，重点突出农牧业特色产业的基础和支撑作用，不断推进以藏药材种植、藏香猪养殖为主要内容的特色产业建设，产业规模水平不断壮大。

六 贫困概况

八一镇位于地广人稀的高寒农林贫困山区。2015 年，全镇土地面积为 1488.13 平方千米，其中林地 1196209.2 亩、耕地 5693.15 亩、草场 1030291.75 亩。

2015 年，全镇共有贫困户 98 户 257 人。其中精准扶贫人口 38 户 112 人，低保有劳力人口 24 户 96 人，低保无劳力人口 4 户 10 人，五保户 32 户 39 人。

第二节　八一镇扶贫开发措施

八一镇认真贯彻党中央、国务院精准扶贫工作精神，结合自身实际，制定出台了有针对性的工作措施，狠抓落实，加强保障，脱贫攻坚工作卓有成效。

一　加强领导，建档立卡

2015 年 3 月，成立了由镇党委书记为组长的脱贫工作领导小组，配备专门的分管领导和 3 名专职扶贫干部，严格按照规模分解、初选对象、公示公告、结对帮扶、制订计划、填写手册、数据录入、联网运行、数据更新等九个步骤，按照相应的时间节点，完成了全镇 98 户 257 人贫困人口建档立卡工作。

二 认真落实产业扶贫

八一镇有养殖类项目饲养户 40 户，其中藏鸡养殖项目 2 户，通过出售藏鸡蛋以及整鸡，每年户均增收 3000 元左右，每人每年增收 1200 元。藏香猪养殖项目 17 户，年底通过出售整猪，每年户均增收 3200 元左右。犏奶牛养殖项目 21 户，通过出售牛奶及奶制品，每年户均增收 3100 元左右，每人每年增收 800 元左右。

三 着力推进种植类项目

通过深入推进各类种植项目，切实带动农牧民增产增收。如：巴吉村果树种植项目，使贫困户每年户均增收 3500 元左右，每人每年增收 1000 元左右；加当嘎村蔬菜大棚种植项目，使贫困户每年户均增收 2000 元左右。

四 有序开展易地搬迁工作

根据贫困户居住现状，共确定搬迁 13 户 41 人，加快改善农村人居环境步伐。截至 2015 年底，项目全部验收并投入使用，搬迁户均住上了宽敞明亮的新居。

五 转移就业扶贫

截至 2015 年底，全镇有林业监管员 27 人、公路管护员 10 人、小集镇环境保洁员 2 人、村级水管员 23 人、草原生态监督员 2 人、人社旅游培训 7 人次、环保岗位 69 人，共发放资金 20.7 万元。

六　企业帮扶脱贫

西藏达氏集团有限责任公司以就业扶贫、创业扶贫、捐赠扶贫、分红扶贫、精神扶贫等方式帮扶唐地村 8 户 23 人，人均增收 2200 元以上。公众村玫瑰种植项目，以扶贫工作为重点，以建档立卡贫困户为主，扶持当地农牧民种植玫瑰、灵芝、藏药材、食用菌，带动贫困户脱贫致富。公司使用村里临时农牧民工 1000 余人次，发放工资近 18 万元，长期精准扶贫 2 人（年收入达 2.4 万元 / 人）。扶持村精准扶贫专项资金 15 万元，扶持连别村 5 户农牧民种植灵芝 10000 袋，通过 1 年半时间，村民直接创收近 90 万元。巴吉村宏鑫建材市场通过年底分红的方式对 1 户精准扶贫户进行扶持。色定自然村藏香加工厂采取"合作社 + 农户 + 贫困户"的经营模式，通过对有能力、积极性高的贫困户进行藏香加工培训，为该村 3 户贫困户提供了就业岗位，每月户均增收 1000 元以上。东阳光集团对拉丁嘎村以土地租用形式进行帮扶，对拉丁嘎村一般贫困户 6 户 21 人、低保有劳力贫困户 8 户 31 人进行扶持。

七　结对帮扶脱贫

巴宜区共有 4 个区直单位结对帮扶八一镇 67 户 195 人，均制订了帮扶脱贫计划，按照"不脱贫不收队"的工作要求进行结对帮扶。

八　开展特色扶贫

为切实改善村民居住环境，八一镇整合多方资金 106 万元，投资 56.12 万元为 6 户贫困户新建房屋共 374.16 平方米，平均每户 62.36 平方米。投资 22.9 万元为 6 户贫困户维修房屋吊顶、粉刷墙面。投资 12.94 万元为 20 户易地搬迁户和贫困户购买家具 20 套。

九　扶贫技能培训

2015 年，通过印发精准扶贫工作双语手册、宣传册、宣传资料、新旧对比册，以及粘贴标语（1000 张）、悬挂横幅（100 条）等形式，广泛深入宣传精准扶贫工作的相关政策。同时，基于农村广大贫困群众文化素质低、理解能力差，特别是一些特困群众不识字和白天忙农活的问题，由各村宣传小组晚上逐户上门面对面宣传讲解，帮助广大群众了解精准扶贫工作的基本内容和方法，使他们真正理解精准扶贫工作。截至 2015 年底，共有 61 户 206 人完成了退出工作。

第三节 八一镇精准扶贫项目

截至 2015 年底，八一镇在原有产业发展的基础上，通过产业项目扶持，不断扩大城郊设施蔬菜、林下资源、林果、饲料、藏鸡、藏猪的种植养殖业规模，启动藏鸡养殖项目（尼西村、公众村、拉丁嘎村、加当嘎村、巴果绕村、章麦村、唐地村 7 个村）、犏奶牛养殖项目（11 个行政村）、果树种植项目（巴吉村）、蔬菜大棚种植项目（加当嘎村）等。这些项目的开展，在八一镇扶贫脱贫中发挥了十分重要的作用。[1]

一 藏鸡养殖项目

项目投资 9.75 万元，购买藏鸡鸡苗 200 只，其中尼西村 100 只、永久村 100 只。新建鸡舍 90 平方米。

二 藏香猪养殖项目

项目投资 49.64 万元，购买 510 头藏香猪猪仔。其中尼西村 30 头、公众村 30 头、拉丁嘎村 150 头、加当嘎村 120 头、巴果绕村 60 头、章麦村 90 头、唐地村 30 头。新建猪舍 340 平方米。

① 《八一镇志》，方志出版社，2018，第 158 页。

三 犏奶牛养殖项目

项目投资 53.89 万元，购买 42 头犏奶牛。其中巴果绕村 2 头、巴吉村 2 头、多布村 2 头、拉丁嘎村 12 头、永久村 2 头、章麦村 4 头、唐地村 10 头、尼西村 4 头、加乃村 4 头。新建牛舍 630 平方米。

四 果树种植项目

项目投资 12.9 万元，打水井 1 眼，购买安装冲压式组合不锈钢水箱 1 组，购买架设铜电缆 2000 米，购买网纹管 PVC 软管 1090 米，购买不锈钢盖压水泵 1 台，平整土地 20 亩，购买复合肥以及有机肥各 20 吨，购买苹果树苗 1000 株，挖填树坑 1000 株，客土改良 1000 株，种植果树 500 株。

五 蔬菜大棚种植

项目投资 4.9 万元，修建长 40 米、宽 8 米，单拱钢架结构温室 1 座，建设面积为 320 平方米。

第四节 八一镇公众村、章麦村、巴吉村精准扶贫调研概况

一 调研方法与步骤

对公众村、章麦村、巴吉村的调研主要采取问卷调查、案例访谈、半结构式座谈、资料收集等方法。

（一）问卷调查

科学抽样和严格执行抽样调查是成功的重要条件，既可以避免对样本户的选择性偏差，又可以保障代表性。科学抽样的前提是获取村住户花名册和建档立卡贫困户名单，对该名单进行整理、核实和确认，避免重复和遗漏，排序后，进行总体编号，随后不再变动，作为抽样的最终依据，即样本框。考虑到村民以及建档立卡系统信息的变动性，两份名单均以 2016 年底为准。其中，建档立卡名单必须包含已脱贫户。

户问卷调研：样本量 60 户以上，其中贫困户和非贫困户各 30 户。根据各村实际情况，公众村确定调查脱贫户 9 户，非贫困户 51 户；章麦村确定调查脱贫户 9 户，非贫困户 51 户；巴吉村确定调查脱贫户 6 户，非贫困户 54 户。

村调查：包括村问卷填写，村"两委"访谈、村民代表访谈（小规模座谈会）、各种专题性调查等。在完成村调查后还需要进行进一步的补充调查，对比两次调查结果

中贫困情况的变化和扶贫成效。累计调研量不低于 30 个工作日。

（二）实地考察

课题组联合西藏自治区地方志办公室、林芝市地方志办公室到公众村、章麦村、巴吉村进行实地考察，全面深入了解脱贫攻坚方面的情况。

（三）案例访谈

课题组重点围绕公众村、章麦村、巴吉村精准扶贫工作，访谈主持村扶贫工作的主要负责人、驻村工作队员及部分脱贫群众代表。同时，课题组还先后深入当地企业进行采访。

（四）座谈

召开小型座谈会，交流总结脱贫扶贫工作经验。

（五）资料收集

由西藏自治区地方志办公室，林芝市地方志办公室，八一镇人民政府，公众村、章麦村、巴吉村村"两委"，驻村工作队负责资料收集。

二　调研实施的可行性

课题组成员熟悉全国地方志工作情况，具有多年地方志工作经验，能够确保项目顺利完成。

西藏自治区地方志办公室和林芝市地方志办公室工作基础较好，人员素质较高。另外，多年来，西藏自治区地方志办公室与中国地方志指导小组办公室联系紧密，能够按照中国地方志指导小组办公室的要求落实好各项工作任务。

三　调研活动进度安排

公众村、章麦村、巴吉村分别至少调研三次。

第一次：对行政村进行摸底调查，填写村问卷，收集住户资料信息，并就相关问题开展初步调查（收集村民花名册、建档立卡贫困户数据）。

第二次：主要开展住户抽样问卷调查，辅以其他方式调查。

第三次：重点是了解 2017 年上半年村庄的最新发展变化，并就相关问题开展补充性和扩展性调查。

四　调查指标

住户调查问卷涉及的一级指标包括家庭成员、住房条件、生活状况、健康与医疗、安全与保障、劳动与就业、政治参与、社会联系、时间利用、子女教育、扶贫脱贫十一个方面。其中，实地调研采取问卷调研与访谈相结合的方式。首先，在调研的前期准备中，设计针对不同时期、不同户主的调查问卷，问卷采取先期角色设定的方式。其次，针对调研涉及的贫困村、扶贫政策进行全面解读等，通过访谈的形式，形成访谈笔记。

村问卷调查的主要任务包括以下九个方面：

（1）村庄基本情况，五年来的发展变化；

（2）村庄集体经济发展情况；

（3）村庄治理基本情况，如人员组成、村"两委"交叉、人员变动、竞选和投票情况；

（4）村干部社会经济背景与职务演变情况；

（5）村庄发展项目和扶贫项目的争取和落实情况；

（6）村学校和教育发展情况；

（7）劳动力技能培训开展情况；

（8）劳动力外出务工就业情况；

（9）贫困户精准识别和调整情况。

第二章

公众村精准扶贫精准脱贫调研分析

第一节　公众村概况

公众村又名公仲村，藏语意为山坡上的村庄，位于318国道旁，尼洋河北岸，距八一镇5千米，平均海拔2900米，辖公众、色定、加定3个自然村。截至2015年底，全村有65户287人。其中，劳动力117人。

一　自然环境

公众村境内的旺都山与邦雄吉日再雪山遥相对应。山体主峰呈塔尖状，最高峰海拔达6200米；海拔5800米以上为裸露岩石；海拔4800米至5500米为高原草甸区；海拔 3500 米至 4800 米为原始森林，主要树种有高山松、杜鹃、青冈等；3500 米以下为灌木丛林。

二 基础设施

1998 年，公众村建成西藏自治区第一个电话村、林芝市小康示范村，全村实现"六通一改变"（通电、通路、通广播、通电视、通电话、改变村容村貌），基本实现脱盲，适龄儿童入学率、在校生巩固率和九年义务制教育升学率均达 100%，农村合作医疗参保率达 100%。

位于加定自然村的林拉高等级公路八一西桥，2013 年 3 月开始修建，2015 年 4 月 30 日竣工，是林拉高等级公路城区入口。桥长 547 米，共有桥台 2 个、桥墩 17 个，载重标准为一级公路标准，设计双向四车道，总投资 3170 万元。

三 特色旅游

村内有一棵核桃王树，冠大树高，胸径约 2 米，树高约 30 米，树龄近千年，枝头挂满果实，被称为"千年核桃王"。村中建有千年核桃民俗文化村景区，景区最具特色的是工布特色藏餐和民俗表演。主要景点有千年核桃王、枯木逢春、古杨鼎立、核桃绝唱、朗玛秋柳、野生木瓜王等生态奇观，以及嘛呢吉祥、糌粑喷香、远古神佛、水磨半壁、香炉天造、扬帆祝福等藏文化精品。

四　藏香制作

林芝地区藏香制作技艺由来已久。据藏文史料记载，公元 11 世纪前后，林芝地区的工布人就研发了藏香制作技艺，后由于种种原因，藏香制作技艺逐渐失传。2000 年起，公众村村委会副主任达瓦平措致力于藏香研究和制作，他认真研究和探索藏香制作技艺，并在此基础上不断进行创新，采用当地桦木、白檀香、乌毒、藏红花等 40 多种药材，研制出为人们所熟知的工布圣香。工布圣香清香弥远、香气长久沉积，已经成为林芝的一个著名品牌。

五　经济发展

全村总耕地面积 597 亩，主要种植小麦、青稞、玉米等农作物。全村现有汽车 98 辆、拖拉机 112 辆、摩托车 85 辆。2015 年，全村经济总收入 1166.3 万元，人均纯收入 14373 元，现金收入 9342 元。2016 年，全村经济总收入为 1331.6 万元，村民人均纯收入 19998 元。

2016 年初，公众村确定建档立卡精准扶贫户 9 户 24 人（其中一般贫困户 3 户 12 人、低保户 2 户 6 人、五保户 4 户 6 人），贫困发生率为 8.73%。2016 年底，所有贫困户脱贫。

第二节 调研结果分析

一 公众村调研户基本情况

在本次住户调查中，根据公众村实际村住户比例，确定调查 60 户 246 人，其中，自精准扶贫精准脱贫工作开展以来的脱贫户 9 户 24 人，非贫困户 51 户 222 人，脱贫户和非贫困户比例见图 2-1[①]。

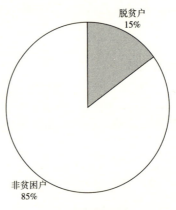

图 2-1 公众村调研户分布比例

在住户规模上，调查样本中住户多为一户 4~6 人。与非贫困户相比，脱贫户规模较小，家庭劳动力较少，一定程度阻碍了收入的增加。具体数据见图 2-2。

① 本章统计图，均来自公众村调研。

精准扶贫精准脱贫百村调研·公众村、章麦村、巴吉村卷

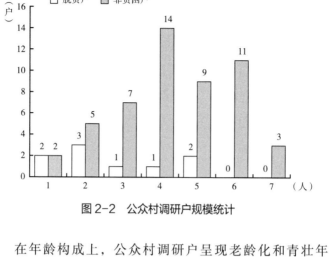

图2-2 公众村调研户规模统计

在年龄构成上，公众村调研户呈现老龄化和青壮年劳动力缺乏的特征。有效样本[①]中，19岁以下的45人，20~29岁的51人，30~39岁的28人，40~49岁的44人，50岁及以上的78人。与非贫困户相比，贫困户老龄化和劳动力缺乏的现象更为突出。另外公众村的适学人口较多（见图2-3）。

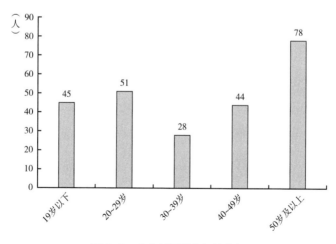

图2-3 公众村调研户年龄分布

---

　① 该项目填报数据完整的调查问卷视为有效样本。

公众村调研户户主年龄也反映了该村人口老龄化的特征。公众村调研户户主 19 岁以下的 1 户，20~29 岁的 2 户，30~39 岁的 3 户，40~49 岁的 12 户，50~59 岁的 19 户，60~69 岁的 12 户，70~79 岁的 8 户，80 岁及以上 3 户（见图 2-4）。

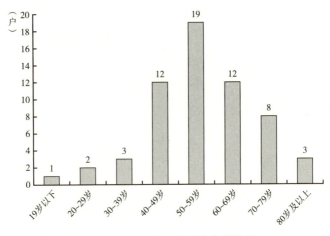

图 2-4　公众村调研户户主年龄情况

二　公众村调研户住房情况

公众村调研户的住房条件整体较好，配套设施较为齐全。与非贫困户相比，脱贫户的住房条件稍差。

根据调查问卷的数据，所有调研户至少拥有一套自有住房，个别有两套住房。公众村调研户户均住房面积 224.17 平方米，人均住房面积 54.67 平方米。非贫困户户均住房面积 240.82 平方米，人均住房面积 55.57 平方米，其中楼房占 76%，平房占 24%。脱贫户户均住房面积

129.78 平方米，人均住房面积 46.72 平方米，其中楼房占 22%，平房占 78%。

住房建筑材料多为砖混材料或钢筋混凝土材料；住宅大多配备了炉子取暖，少数用炕取暖，有 1 户脱贫户没有取暖设施；大部分安装了太阳能热水器；非贫困户的宽带覆盖率为 90%，脱贫户的宽带覆盖率为 56%。

从房屋建造年份看，2011~2015 年建造的最多，共 19 户，占 33%（见图 2-5）。与非贫困户相比，脱贫户的住房较新。

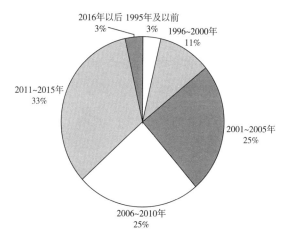

图 2-5　公众村调研户住房建设年份情况

公众村调研户对当前住房状况的满意度如下：非常满意的占 8%，比较满意的占 82%，一般满意的占 8%，不太满意的占 2%，同时一些村民有通过提高自身收入进一步改善当前住房状况的意愿（见图 2-6）。

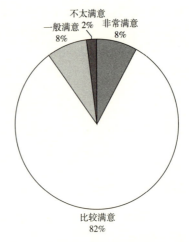

图2-6　公众村调研户住房满意度情况

　　公众村脱贫户对当前住房状况的满意度低于调研户，其中：非常满意的占22%，比较满意的占34%，一般满意的占33%，不太满意的占11%。说明公众村脱贫户的住房条件还有很大的提升空间（见图2-7）。

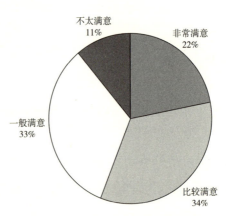

图2-7　公众村脱贫户住房满意度情况

三 公众村调研户收入支出情况

公众村居民 2016 年收入支出的抽样调查结果如下：调研户户均纯收入为 41464 元，脱贫户户均纯收入为 8805 元；调研户户均支出为 14253 元，脱贫户户均支出为 6357 元（见图 2-8）。

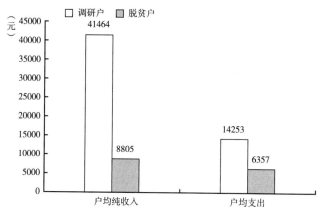

图 2-8　公众村调研户收入支出情况

四 公众村调研户生活满意度情况

调研发现，公众村居民对现在的生活状况满意度较高，调研户和脱贫户对当前生活非常满意和满意的分别占 73%、45%，对目前生活状况一般满意的分别占 16%、11%，对目前生活状况不太满意的分别占 9%、33%，对目前生活状况很不满意的分别占 2%、11%（见图 2-9、图 2-10）。

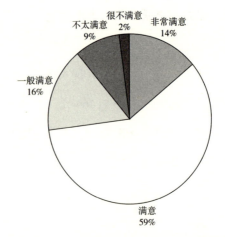

图2-9　公众村调研户对生活状况满意度情况

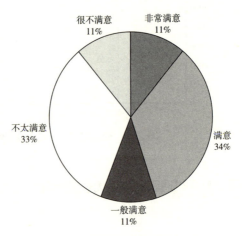

图2-10　公众村脱贫户对生活状况满意度情况

从生活的主观感受来看，脱贫户的幸福感程度低于调研户。有11%的脱贫户感到当前生活非常幸福，高于调研户2个百分点，但是仍有55%的脱贫户认为生活幸福程度在一般及以下，调研户认为目前幸福程度为一般及以下的为24%（见图2-11、图2-12）。

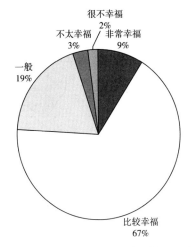

图 2-11 公众村调研户对于生活的主观感受

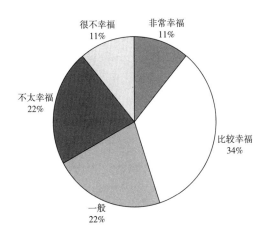

图 2-12 公众村脱贫户对于生活的主观感受

在调查对象对自己生活情况的评价上，有 16% 的调研户认为目前生活好很多，74% 的调研户认为目前生活好一些，1% 的调研户认为目前生活同以往相比差很多。脱贫户中有 11% 认为目前生活好很多，33% 认为目前生活好一些，11% 认为目前生活同以往相比差很多（见图 2-13、图 2-14）。

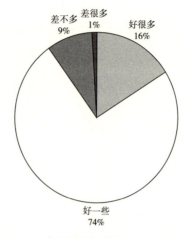

图 2-13 公众村调研户对目前生活情况的评价

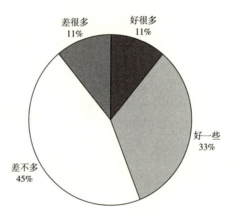

图 2-14 公众村脱贫户对目前生活情况的评价

关于对未来生活的预期，调查问卷中设置"你觉得 5 年后，你家的生活会变得怎么样"一题，结果显示有 94% 的调研户认为未来 5 年的生活会更好，有 22% 的脱贫户认为未来 5 年的生活会好很多，有 11% 的脱贫户认为不好说，说明脱贫户对未来生活的信心需进一步增强（见图 2-15、图 2-16）。

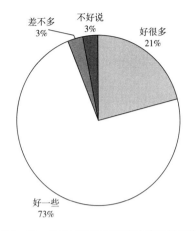

差不多 3%　不好说 3%　好很多 21%

好一些 73%

图 2-15　公众村调研户对未来生活的预期

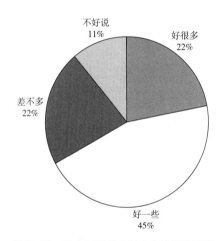

不好说 11%　好很多 22%

差不多 22%

好一些 45%

图 2-16　公众村脱贫户对未来生活的预期

在调查问卷中"与多数亲朋好友比，你家过得怎么样"的问题上，调研户认为好很多的占9%，好一些的占54%，差不多的占22%，差一些的占12%；脱贫户的调查结果出现了较大的差异，认为自己同亲朋好友的家庭状况相比，好很多、好一些、差不多和差一些的分别为0%、34%、22%和22%。与多数亲友相比，脱贫户认为自身的生活水平较低（见图2-17、图2-18）。

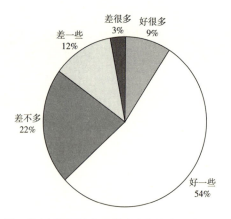

图 2-17　公众村调研户与多数亲友相比生活水平主观感受

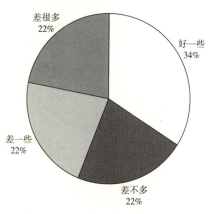

图 2-18　公众村脱贫户与多数亲友相比生活水平主观感受

在"与本村多数人比，你家过得怎么样"的问题上，有 61% 的调研户认为家庭生活水平比本村多数人好，认为家庭生活水平差不多的占 22%，认为差一些及差很多的占 17%；在脱贫户中，有 22% 认为家庭生活水平比本村多数人好一些，认为家庭生活水平差不多的占 11%，认为家庭生活水平差很多或者差一些的占 67%（见图 2-19、图 2-20）。

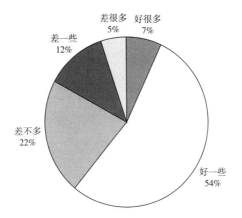

图 2-19　公众村调研户与本村多数人相比生活水平主观感受

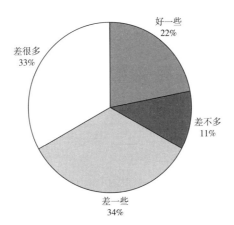

图 2-20　公众村脱贫户与本村多数人相比生活水平主观感受

在生活环境的调查上，调查问卷设置"对你家周围的居住环境满意吗"问题，结果显示调研户对家庭周围居住环境，整体满意度很高，其中认为非常满意和比较满意的为 86%，不满意和不太满意的为 4%；脱贫户认为非常满意和比较满意的为 67%，不满意和不太满意的为 22%（见图 2-21、图 2-22）。

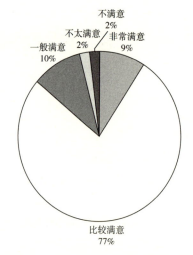

图 2-21　公众村调研户生活环境满意情况

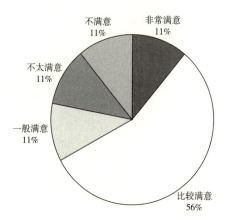

图 2-22　公众村脱贫户生活环境满意情况

五　公众村调研户健康情况

疾病医疗支出情况，调研户中共有 8 位村民患有高血压、关节炎、肺结核、风湿等慢性疾病，2016 年平均治疗费用为 15750 元，自费医疗费用为 4750 元。脱贫户患者

2016 年平均治疗费用为 25000 元，自费医疗费用为 5000 元。就 2016 年的治疗情况来看，调研户中 49% 的患者选择门诊治疗或住院治疗，17% 的患者没去治疗。脱贫户中仅 33% 患者选择门诊治疗，34% 的患者没去治疗（见图 2-23、图 2-24）。

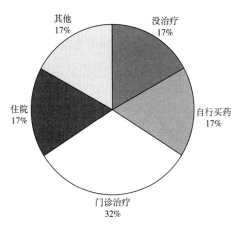

图 2-23　公众村调研户疾病治疗措施

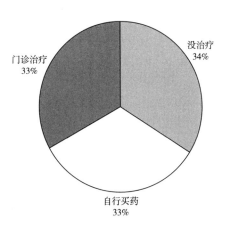

图 2-24　公众村脱贫户疾病治疗措施

不去治疗的原因，一方面是年龄较大的村民文化程度不高，接收信息渠道少，同时科学知识普及，特别是医疗科技知识普及也难以惠及这一群体；另一方面是公众村整体收入水平低，特别是中老年人可支配收入低，对于一些危害较大的慢性疾病往往不够重视，如高血压、风湿等，很多村民选择不治疗。

在疾病对患病村民行走能力的影响上，在全体患病村民中，没有影响的占17%，有严重影响的占17%，不能行走的占17%；在脱贫户的患病村民中，没有影响的占25%，不能行走的占25%（见图2-25、图2-26）。

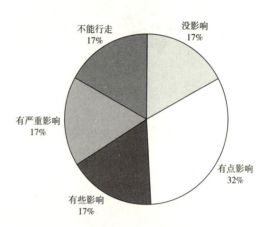

图2-25 公众村调研户中患病村民的行走能力

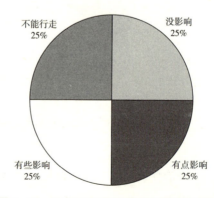

图2-26 公众村脱贫户中患病村民的行走能力

在生活自理等方面，在全体患病村民中，洗漱或穿衣没有问题的占 17%，有点问题和有些问题的占 51%，不能洗漱或穿衣的占 32%；在脱贫户的患病村民中，洗漱或穿衣没有问题的占 34%，有点问题的占 33%，不能洗漱或穿衣的占 33%（见图 2-27、图 2-28）。

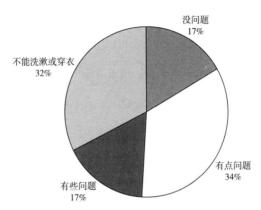

图 2-27　公众村调研户中患病村民的生活自理能力

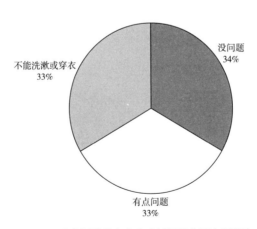

图 2-28　公众村脱贫户中患病村民的生活自理能力

在心理健康统计上，调研户患病村民中，没有焦虑或压抑的占 32%，有一点的占 17%，有一些的占 17%，挺严重的占 17%, 非常严重的占 17%; 在脱贫户的患病村民中, 没有焦虑或压抑的占 34%, 有一点的占 33%, 挺严重的占 33% (见图 2-29、图 2-30)。

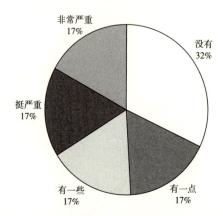

图 2-29　公众村调研户患病村民心理健康情况

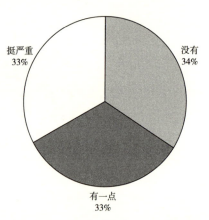

图 2-30　公众村脱贫户患病村民心理健康情况

总体来看, 患病村民的身心健康方面仍存在一定问题, 特别是脱贫户患病村民身心健康方面的问题更突出一些, 应在进一步调查研究的基础上做出针对性举措。

六　公众村社会治安情况

对公众村社会治安情况的调查结果显示，2016 年没有一户调研户遇到偷抢等公共安全问题，在"在你居住的地方，天黑以后一个人走路，你觉得安全吗"的问题上，63% 的调研户认为非常安全，37% 的调研户认为比较安全，说明出公众村完善的社会治安体系给了村民安居乐业的生活环境（见图 2-31）。

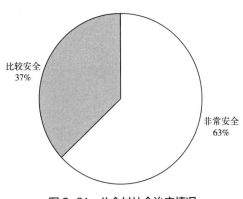

比较安全
37%

非常安全
63%

图 2-31　公众村社会治安情况

七　公众村调研户就业情况

在关于村民就业的 38 个有效样本中，共有 70 个劳动力。其中，脱贫户 5 户，劳动力 7 个。从劳动时间看，公众村调研户户均劳动时间为 246.4 天，人均劳动时间为 130.0 天；脱贫户户均劳动时间为 257.4 天，人均劳动时间为 183.9 天（见图 2-32）。

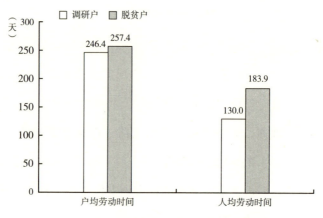

图 2-32　公众村调研户劳动力投入情况

　　调研发现，公众村脱贫户户均劳动时间、人均劳动时间均高于调研户户均劳动时间、人均劳动时间，说明脱贫户的劳动强度更大。

八　公众村基层党建与村民自治参与程度情况

　　调研发现，公众村基层党建与村民自治参与程度较高，基层党员很好地发挥了村民自治、积极参与政治生活的先锋带头作用。在关于"你或者家人是否参加了最近一次村委会投票"的问题上，在 45 个有效样本中，89% 的调研户全家都参加了最近一次的村委会投票，8% 的调研户仅自己参加了投票，3% 的调研户由别人代为投票（见图 2-33）。

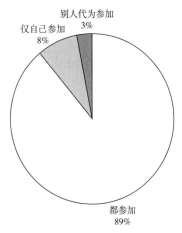

图 2-33　公众村调研户参加村委会投票情况

在关于"你或者家人在去年是否参加了村委会召开的会议"的问题上，65%的调研户全家都参加了村委会召开的会议，24%的调研户仅自己参加了会议，11%的调研户由别人代为参会（见图2-34）。

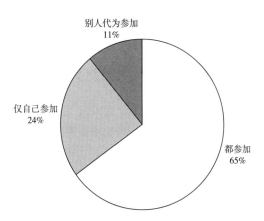

图 2-34　公众村调研户参加村委会召开的会议情况

在关于"你或者家人在去年是否参加了村民组召开的会议"的问题上，25%的调研户全家都参加了村民组召开

的会议，64% 的调研户仅自己参加了会议，11% 的调研户
由别人代为参会（见图 2-35）。

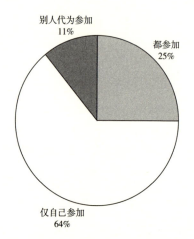

图 2-35　公众村调研户参加村民组召开的会议情况

在关于"你或者家人是否参加了最近一次乡镇人大代
表投票"的问题上，70% 的调研户全家都参加了乡镇人大
代表投票，9% 的调研户仅自己参加了投票，21% 的调研
户由别人代为投票（见图 2-36）。

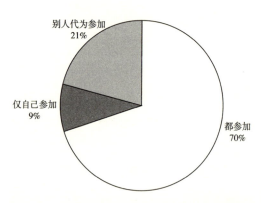

图 2-36　公众村调研户参加乡镇人大代表投票情况

九 公众村调研户社会联系情况

在参与农村合作社方面，36 个有效样本（10 户脱贫户）中有 26 户村民参加了农民合作社，占 72%。其中包括 4 户脱贫户，脱贫户的参与比例为 67%。脱贫户参与农村合作社的比例低于全体调研户（见图 2-37）。

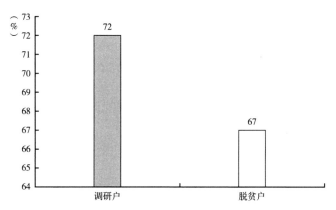

图 2-37 公众村调研户参加农民合作经济组织情况

在参与文化建设上，16 个有效样本文娱兴趣组织参与度为 69%，31% 的调研户没有加入，说明公众村文化娱乐活动开展得较好，群众参与度较高（见图 2-38）。

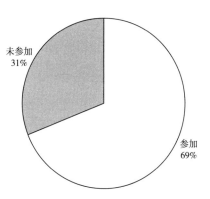

图 2-38 公众村调研户参与文娱兴趣组织情况

对公众村已婚人士的调查中，调研户普遍对婚姻的满意度较高，对婚姻状况非常满意、比较满意的分别占60%、26%；调研户普遍夫妻相互间信任度较高，夫妻间非常信任、比较信任的分别占71%、19%，家庭生活和谐融洽（见图2-39、图2-40）。

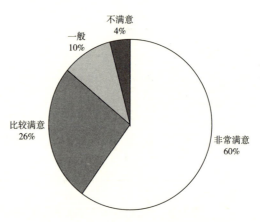

图2-39　公众村调研户婚姻状况满意度

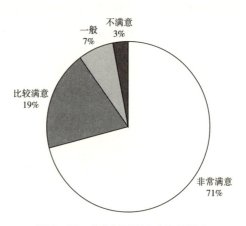

图2-40　公众村调研户夫妻信任度

十　公众村学龄儿童抚养及教育情况

2016 年，公众村共有 26 名学龄儿童。调研户学龄儿童的人均教育支出为 3700 元，脱贫户学龄儿童的人均教育支出为 2400 元，非贫困户学龄儿童的人均教育支出为 3885.7 元。

学龄儿童中和父母生活在一起的占 77%，和（外）祖父母生活在一起的占 4%，独自生活的占 11%，其他情况的占 8%（见图 2-41）。

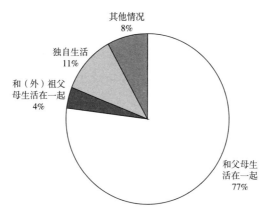

图 2-41　公众村调研户学龄儿童的抚养情况

关于学校条件的调查，在 21 个有效样本中，有 5% 的学龄儿童在本村上学，有 14% 的学龄儿童在本乡镇上学，有 76% 的学龄儿童在本县城（市、区）上学，有 5% 的学龄儿童在省外上学（见图 2-42）。

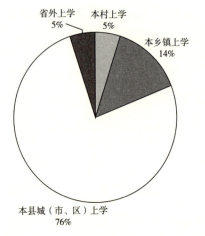

图 2-42　公众村适龄儿童上学地点调查

　　在对学校的生活学习条件的调查上，33%的调研户学龄儿童认为学校条件非常好，62%的调研户学龄儿童认为学校条件比较好，5%的调研户学龄儿童认为学校条件一般（见图 2-43）。

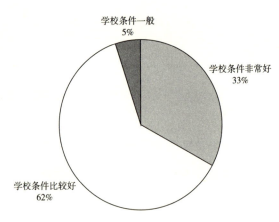

图 2-43　公众村调研户学龄儿童就学学校条件情况

十一 公众村关于政府开展扶贫的态度调查

在 9 户脱贫户中，只有 1 户为有效样本。该脱贫户曾经为建档立卡户，2016 年 11 月退出。认定脱贫时乡村干部来家里调查过，该户也签字盖了章，脱贫名单进行了公示。该脱贫户认为本村贫困户选择合理，政府为本村安排的各种扶贫项目合理，扶贫措施适当，扶贫效果很好。该户最主要致贫原因为疾病，其他致贫原因包括子女教育、缺劳力等。该脱贫户 2015 年以来得到的帮扶措施包括技能培训、小额信贷、发展生产、带动就业、基础设施建设、公共服务和社会事业（教育、医疗、低保等）。技能培训方面，该户参加了蔬菜种植、藏香制作等实用技能短期培训，补助标准是每天 50 元。产业扶贫方面，该户从事的产业包括种植青稞、小麦，养猪，培育经济林，在藏香厂干活；获得上级扶持资金 18000 元，2016 年在本村藏香厂工作 84 天，收入 12000 元。扶贫搬迁方面，针对该户的住房困难，进行扶贫搬迁。补助 27 万元在本村新建一处住房，面积 120 平方米，实现自来水、电入户，牲畜圈养，并对原房屋进行拆除和复垦。教育扶贫方面，针对子女教育方面的困难，教育局资助 17500 元，解决子女就学问题。另外，各级政府对该户帮扶慰问共计 15 次，累计发放慰问金 4500 元。

第三章

章麦村精准扶贫精准脱贫调研分析

第一节　章麦村概况

　　章麦村距八一镇城区 7 千米，海拔高度约 3000 米，下辖章麦、杰布才、东如 3 个自然村。截至 2015 年底，全村共有 99 户 417 人，其中劳动力 136 人。

一　建置沿革

　　章麦古称桑哇，藏语意为"秘密"。古时候，西藏信教群众开启林芝—山南—日喀则—拉萨朝拜环线要从东如山下（现绿色通道）开始并住宿一晚，传说山上有守门神，通过时不能说出自己的旅行目的地，故称"桑哇"，后慢慢演变为"张麦""章麦"。

章麦历史悠久。农奴时代章麦村隶属于志嘎宗（相当于县）。民主改革后，章麦与东如合并，称觉木三村，隶属于觉木片区。2005年，觉木三村与觉木四村（杰布才）合并，称为章麦村。2015年，林芝地区撤地设市林芝县撤县设区，章麦村辖区未变更。

二　自然环境

章麦村属青藏高原重力地貌，辖区范围内主要有觉木山、老虎山、志嘎山、东如山、绕当山等山脉；河流主要有尼洋河、觉木沟；湖泊主要为山顶湖，有泽措、口务湖等；山上植被以青冈树、柏树、松树、油松、核桃、桑树、竹子、野桃树、柳树为主；野生动物主要有猴、熊、狼、兔子、野鸡；林下资源主要有冬虫夏草、松茸、青冈菌、手掌参，还有红景天等藏药材。

三　旅游资源

章麦村离城区较近，交通便利，旅游资源比较丰富。东如自然村核桃绿色环保、营养丰富，且核桃林古树成荫，可供市民旅游休闲、自助采摘，符合现代旅游农业发展需求。杰布才后山原始风貌保持较好，具有发展观光旅游潜力。章麦村后山海拔4000多米，有泽措（藏语意为骡子湖，因周边有很多类似骡子蹄印的动物足迹），风景秀丽，具有良好的旅游资源。章麦村加纳山放牧区域有个加纳卡，原始柏树林风景壮丽，面积达 200 多亩，且大部分柏树树龄在 700 年以上。该处柏树树种与其他地方不同，树枝焚烧香味浓郁，具有植物研究与藏香研究科研价值。

四　主要产业

章麦村属于高原温润气候，比较适宜农业种植。在历届村"两委"带领下，发展起了养殖、种植、劳务、旅游四业并重的经济新模式。章麦村牧业养殖以黄牛、犏牛、藏香猪为主，牲畜总头数为 2889 头（匹、只）。种植业以蔬菜大棚、青稞、小麦、玉米为主，蔬菜种植面积达 217 亩。近年来东如自然村发展核桃深加工产业，核桃产业逐步做大做强。章麦、杰布才自然村大力发展温室蔬菜大棚产业，逐步成为林芝市区的菜篮子。

五　经济发展

全村共有耕地 504 亩、草场 62939.4 亩、林地 130142 亩。2015 年，全村经济总收入 991 万元，人均纯收入 10455 元，人均现金收入 6796 元。2017 年，全村经济总收入达 1348.99 万元，人均纯收入 16598 元，人均现金收入 12449 元。

截至 2015 年底，章麦村共有建档立卡脱贫户 9 户 15 人，2016 年底已全部脱贫。

第二节　调研结果分析

一　章麦村调研户基本情况

在本次住户调查中，根据章麦村实际住户比例，确定调查自精准扶贫精准脱贫工作开始以来的脱贫户 9 户、非贫困户 51 户，脱贫户和非贫困户比例见图 3-1。

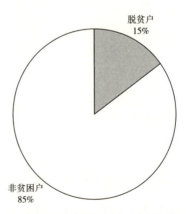

图 3-1　章麦村调研户分布比例

说明：本章统计图资料均来自章麦村调研，下不赘述。

在住户规模上，调查样本中住户多为一户2~4人，脱贫户规模为1~3人，家庭劳动力相对较少。具体数据见图3-2。

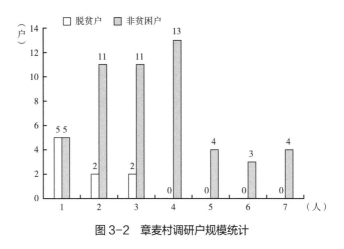

图3-2　章麦村调研户规模统计

在年龄构成上，章麦村调研户的年龄构成呈现青年型人口的特征，年轻人居多，老年人较少，人口规模随年龄增长而递减。调查样本中19岁及以下的63人，20~39岁的65人，40~49岁的29人，50岁及以上的36人。脱贫户呈现老年人比例相对较高、年轻人比例相对较低的特点（见图3-3）。

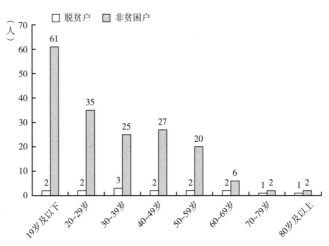

图3-3　章麦村调研户年龄分布

二 章麦村调研户住房情况

根据调查问卷的数据，所有调研户至少拥有一套自有住房。章麦村调研户户均住房面积190.46平方米，人均住房面积59平方米。脱贫户人均住房面积55平方米。章麦村调研户新房比例较高，其中2016年新建或购买的住房占23%（见图3-4）。

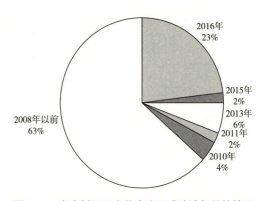

图3-4　章麦村调研户住房购买或建造年份的情况

章麦村房屋配套设施水平还需要进一步提高，供暖设备多为炉子、炕，但还有30%住户家里没有供暖设备；79%的住户没有安装电热水器或太阳能热水器等沐浴装置；饮用水源68%为受保护的井水和泉水，净化处理过的自来水的比例只有8%（见图3-5、图3-6、图3-7）。

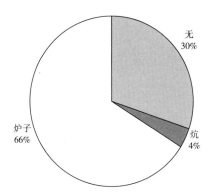

图 3-5　章麦村调研户取暖情况

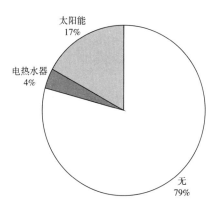

图 3-6　章麦村调研户沐浴设施情况

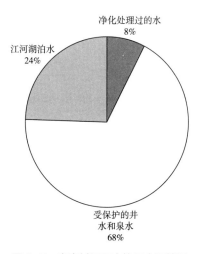

图 3-7　章麦村调研户饮用水源情况

根据调研问卷，脱贫户对住房情况的满意度较高，有40%的调查对象对当前的住房状况非常满意，20%的调查对象比较满意，40%的调查对象一般满意（见图3-8）。

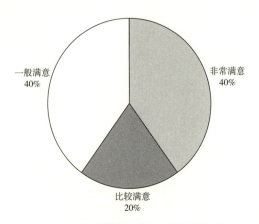

图3-8　章麦村脱贫户住房情况满意度

　　章麦村调研户的住房满意度略低于脱贫户的满意度情况，其中38%非常满意，32%比较满意（见图3-9）。

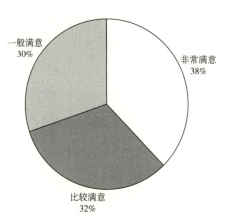

图3-9　章麦村调研户住房满意度

　　章麦村调研户均认为住房状况良好，没有危房。85%的调研户住进了楼房（见图3-10）。

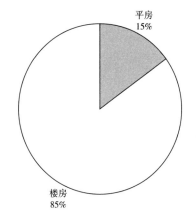

图 3-10　章麦村调研户平房、楼房数量对比

三　章麦村调研户收入支出情况

章麦村 2016 年居民收入支出的抽样调查结果如下：调研户户均纯收入为 38284 元，脱贫户户均纯收入为 15201 元；调研户户均支出为 28348 元，脱贫户户均支出为 5000 元（见图 3-11）。

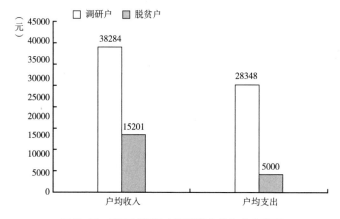

图 3-11　章麦村调研户和脱贫户收入支出情况

四 章麦村调研户生活满意度情况

　　总体来看，章麦村调研户对现在的生活状况满意度较高，认为目前生活状况一般的占40%。调研户和脱贫户对当前生活非常满意的，分别占22%和25%；比较满意的，分别占38%和25%。从生活的主观感受来看，脱贫户的满意度高于调研户，有25%的脱贫户对当前生活非常满意，高于调研户3个百分点（见图3-12、图3-13）。

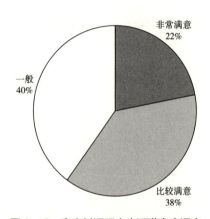

图3-12　章麦村调研户生活满意度调查

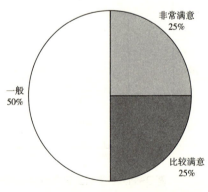

图3-13　章麦村脱贫户生活满意度调查

在调查对象对自己目前生活水平的评价上，总体来看有 68% 的调查对象认为目前生活好很多，28% 的调查对象认为目前生活好一些。脱贫户中有 50% 认为目前生活好很多，50% 认为目前生活好一些，没有脱贫户认为目前的生活同以往差不多或者倒退（见图 3-14、图 3-15）。

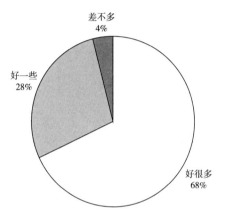

图 3-14　章麦村调研户对目前生活的感受

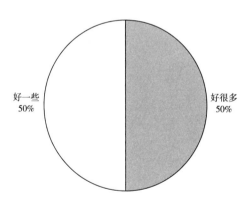

图 3-15　章麦村脱贫户对目前生活的感受

关于未来生活的预期，调查问卷中设置了"你觉得 5 年后，你家的生活会变得怎么样"一题，结果显示大部分调研户对未来生活充满信心，92% 的调研户认为未来生

活会变得好很多或好一些。脱贫户对未来的生活更加有信
心，50%的脱贫户认为生活会好很多，50%的脱贫户认为
生活会好一些，没有脱贫户认为未来生活会和现在差不多
（见图3-16、图3-17）。

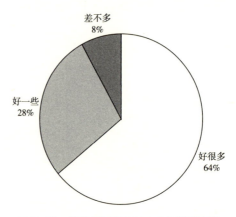

图 3-16　章麦村调研户对未来生活的预期

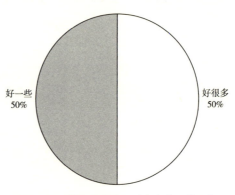

图 3-17　章麦村脱贫户对未来生活的预期

　　在"与多数亲朋好友比，你家过得怎么样"的问题
上，脱贫户的调查结果出现了较大的差异，认为自己同亲
朋好友的家庭状况相比，好很多的没有，好一些和差不多
的各占20%，差一些的占60%，反映出脱贫户对自身和亲

友圈他人相比在生活水平上的心理落差较大。而调研户认为差不多的占 60%，认为好一些的占 22%，认为好很多的占 10%，认为差一些的仅占 8%，总体上自信心比较强（见图 3-18、图 3-19）。

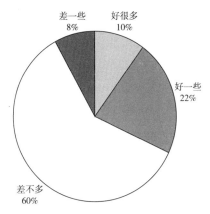

图 3-18　章麦村调研户与亲朋相比生活水平感受

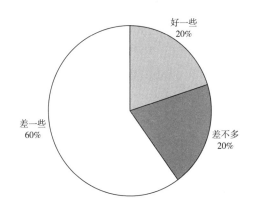

图 3-19　章麦村脱贫户与亲朋相比生活水平感受

在"与本村多数人比，你家过得怎么样"的问题上，章麦村有 66% 的调研户认为差不多，认为好一些、好很多和差一些的各占 20%、6% 和 8%。脱贫户中认为自己生活水平差一些的高达 60%，好一些和差不多的各占 20%，差一些的比例远高于调研户，且没有脱贫户认为自己生活水平好很多（见图3-20、图3-21）。

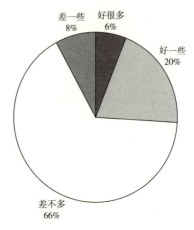

图3-20 章麦村调研户与多数人相比生活水平感受

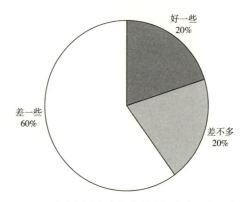

图3-21 章麦村脱贫户与多数人相比生活水平感受

近年来，通过硬化村道路、新建排污管道、改造饮用水管道、植树造林等举措，章麦村村容村貌显著改观，居住环境全面改善。在居住环境的调查上，调研户对家庭周围居住环境整体满意度很高，其中认为非常满意的为43%，比较满意的为46%（见图3-22）。

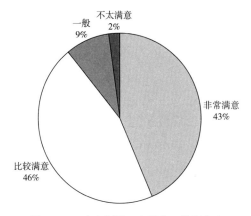

图 3-22 章麦村调研户居住环境满意度

五 章麦村调研户残疾情况

据调查问卷统计，章麦村调研户中残疾人仅占 2%，脱贫户中残疾人的比例高达 33%。数据反映出残疾是导致章麦村村民贫困的重要因素（见图 3-23、图 3-24）。

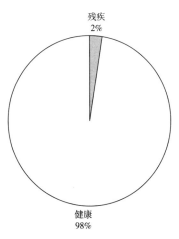

图 3-23 章麦村调研户残疾人统计

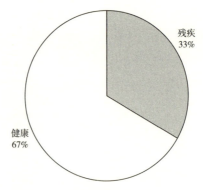

图 3-24　章麦村脱贫户残疾人统计

六　章麦村社会治安情况

对章麦村社会治安情况的调查结果显示，2016 年没有调研户遇到偷抢等公共安全问题。在安全防护措施的调查中，67% 的居民家里养狗，28% 的居民参加社区巡逻，只有 5% 的居民家里安装了防盗门（见图 3-25）。

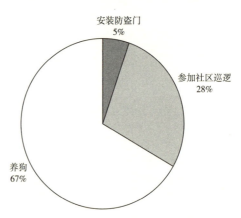

图 3-25　章麦村调研户安全防护措施

在"在你居住的地方，天黑以后一个人走路，你觉得安全吗"的问题上，57% 的调研户认为非常安全，43% 的调研户认为比较安全，说明章麦村的社会治安体系给村民提供了安居乐业的生活环境（见图3-26）。

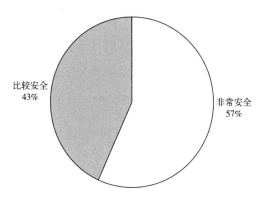

图 3-26　章麦村调研户社会治安感知

七　章麦村村民就业情况

对章麦村调研户劳动力投入天数的调查结果显示，章麦村调研户从事本地自营农业的天数比例远高于其他选项，占比高达42%，从事自营非农业的天数占30%，还有28%的时间用来打零工，反映出章麦村是一个以农业为主要收入来源的传统农业村庄（见图3-27）。

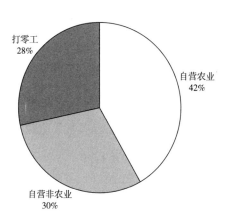

图 3-27　章麦村调研户劳动力投入天数比重

八　章麦村基层党建与村民自治参与程度情况

调研显示，章麦村村民参加村民自治、参加政治生活、行使民主权利的热情较高。

在"你或者家人是否参加了最近一次村委会投票"问题上，87%的调研户全家都参加了最近一次的村委会投票，11%的调研户仅自己参加了投票，只有2%的调研户由别人代为投票（见图3-28）。

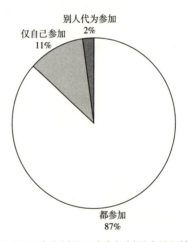

图 3-28　章麦村调研户参加村委会投票情况

在"你或者家人在去年是否参加了村委会召开的会议"问题上，89%的调研户全家都参加了村委会召开的会议，9%的调研户仅自己参加了会议，只有2%的调研户由别人代为参会（见图3-29）。

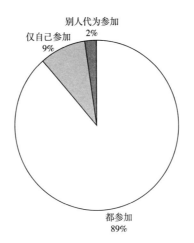

图 3-29 章麦村调研户参加村委会召开会议情况

在"你或者家人在去年是否参加了村民组召开的会议"问题上，25%的调研户全家都参加了村民组召开的会议，75%的调研户家中仅自己参加了会议（见图 3-30）。

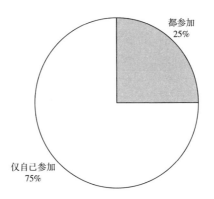

图 3-30 章麦村调研户参加村民组召开会议情况

在"你或者家人是否参加了最近一次乡镇人大代表投票"问题上，91%的调研户全家都参加了乡镇人大代表投票，9%的调研户仅自己参加了投票，显示出了极高的政治参与度（见图 3-31）。

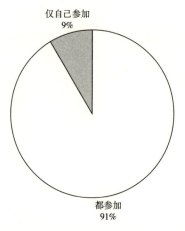

仅自己参加
9%

都参加
91%

图 3-31 章麦村调研户参加乡镇人大代表投票情况

九 章麦村村民社会联系情况

在调研中发现，虽然章麦村成立了农民合作经济组织，但只有 27% 的调研户加入了农民合作经济组织，73% 的调研户没有加入，农民合作经济组织建设还需要进一步加强（见图 3-32）。

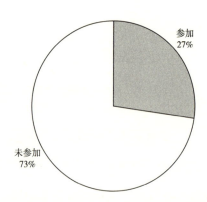

参加
27%

未参加
73%

图 3-32 章麦村调研户参加农民合作经济组织情况

在调研中发现，章麦村成立了文娱兴趣组织，高达67%的调研户加入了文娱兴趣组织，只有33%的调研户没有加入，说明章麦村文化娱乐活动开展得较好，群众参与度比较高（见图3-33）。

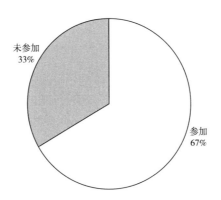

图3-33　章麦村调研户参加文娱兴趣组织情况

对章麦村已婚人士的调查中，调研户普遍对婚姻的满意度较高，高达55%的调研户对婚姻状况非常满意；调研户夫妻相互间信任度较高，高达69%的调研户夫妻间非常信任，家庭生活和谐融洽（见图3-34、图3-35）。

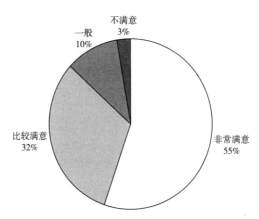

图3-34　章麦村调研户婚姻状况满意度

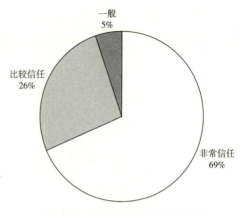

一般
5%

比较信任
26%

非常信任
69%

图 3-35　章麦村调研户夫妻信任度

十　章麦村学龄儿童抚养及教育情况

在学龄儿童抚养情况的调查上，学龄儿童中同父母生活的高达 92%，4% 的学龄儿童在（外）祖父母家生活，另外有 4% 学龄儿童在其他居所生活（见图 3-36）。

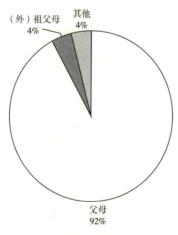

（外）祖父母
4%

其他
4%

父母
92%

图 3-36　章麦村学龄儿童抚养情况

在对上学地点的调查上，有 20% 的学龄儿童在本村上学，有 20% 的学龄儿童在本乡镇上学，有 40% 的学龄儿童在本县城（市、区）上学，有 12% 的学龄儿童在省内县外上学，有 4% 的学龄儿童在省外上学，还有 4% 的学龄儿童在其他地区上学，总体上看多数章麦村学龄儿童离学校距离较近，就学较为方便（见图 3-37）。

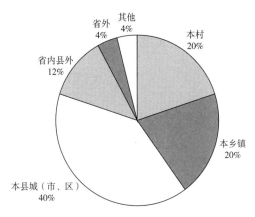

图 3-37　章麦村适龄儿童上学地点调查

在对学校生活学习条件的调查上，有 52% 的调研户认为学校条件非常好，32% 认为比较好，12% 认为一般，4% 认为比较差。总体上看，调查对象对儿童就学学校条件的认可度较高（见图 3-38）。

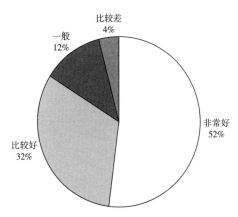

图 3-38　章麦村儿童就学学校条件情况

十一　章麦村关于政府开展扶贫的态度调查

在"本村贫困户的选择是否合理"问题上，有57%的调研户认为目前扶贫对象选取很合理，有43%的调研户认为比较合理。总的来看，章麦村贫困户的选择得到了广大居民的认可（见图3-39）。

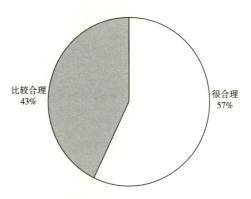

图 3-39　章麦村调研户对本村贫困户选择满意度

在"为本村安排的扶贫项目是否合理"问题上，有71%的调研户认为本村的扶贫项目很合理，有29%的调研户认为比较合理。从调查情况看，章麦村扶贫项目的安排是合理的，得到了村民的认可（见图3-40）。

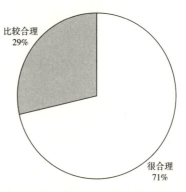

图 3-40　章麦村调研户对本村扶贫项目满意度

在"本村到目前为止扶贫效果如何"问题上，有 86%
的调研户认为本村扶贫效果很好，有 14% 的调研户认为效
果比较好。总的来看，章麦村扶贫工作取得了不错的成效
（见图 3-41）。

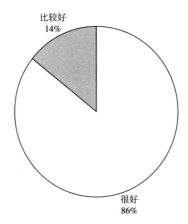

图 3-41 章麦村调研户对本村扶贫效果评价

在"最主要致贫原因"问题上，有 57% 的调研户致贫
原因是残疾，有 15% 的调研户致贫原因是生病，有 14%
的调研户致贫原因是缺技术，有 14% 的调研户致贫原因是
自身发展动力不足。从调查结果看，章麦村贫困户致贫原
因以客观因素为主（见图 3-42）。

在对"2015 年以来得到的帮扶措施"问题的回答上，
29% 的调研户享受到了技能培训帮扶措施，24% 的调研
户享受到了带动就业帮扶措施，23% 的调研户享受到了发
展生产帮扶措施，12% 的调研户享受到了基础设施建设帮
扶措施，6% 的调研户享受到了公共服务帮扶措施，6% 的
调研户享受到了小额信贷帮扶措施。帮扶措施的种类比较
多，覆盖面也比较广泛（见图 3-43）。

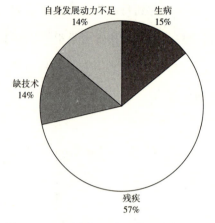

图 3-42　章麦村调研户最主要的致贫原因

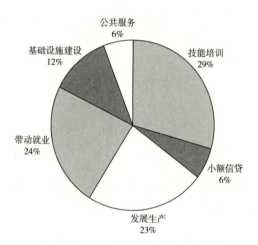

图 3-43　章麦村调研户享受帮扶措施情况

第四章

巴吉村精准扶贫精准脱贫调研分析

第一节　巴吉村概况

巴吉村距八一镇城区 3000 米，平均海拔 3100 米，318 国道贯穿其中，下辖巴吉、玉米 2 个自然村，是八一镇最大的行政村。1998 年、2011 年，习近平总书记两次到该村视察。截至 2015 年底，全村共有 98 户 480 人，其中，劳动力 129 人。

一　自然环境

巴吉村以高原温带湿润季风气候为主，属热带、亚热带、温带及寒带并存的复合气候带，年降水量 600~2200

毫米，年日照时数 2000 小时以上，无霜期 180 天左右，年平均气温 8~18℃，冬季气温为 -3~13℃。

巴吉村的土壤为黑土地，有木本植物 100 多种，有药用植物和真菌类植物 1000 种，如冬虫夏草、三七、天麻、雪莲花、贝母、松茸、青冈菌等。

巴吉村有雪原冰石、冰湖面、冰下河等冰川活动现象。

巴吉村主要特产有松茸、青冈菌、木耳、草菇，以及野灵芝、红景天、当归、丹参等中药材。

二 支柱产业

改革开放以来，特别是党的十八大以来，巴吉村经济取得较快发展，市场主体培育快速推进，主要列举如下。

碧日混凝土公司。巴吉村党支部积极创新发展思路，成立碧日混凝土公司，发动村民集资入股，入股的村民每户平均每年增加收入 8000 余元。同时，碧日混凝土公司每年分红给村集体 30 万元。

宏鑫商砼有限公司。该公司成立于 2007 年，属村办企业。在开办之初，只进行简单的各型预制构件、砂石料生产。经过近十年的发展，企业资本达 2000 多万元，经营范围包括生产强度等级 C60 及以下的各种混凝土，生产除预应力吊车梁、桥梁、屋面梁、屋架以外的其他各类混凝土预制构件；砂石料生产、石材加工制作生产；工程分包，土石方、砌筑、抹灰、油漆、木制作、彩绘等劳务作业，与总承包队伍签定劳务分包合同。该公司每年可为巴吉村分红 70 万元，上交管理费 30 万元、扶贫资金 5 万元，解决巴吉村 20 多人就业，每年上缴税金 30 多万元。2013 年，该公司被评为西藏自治区扶贫龙头企业。

雪域江南宏鑫建材市场。市场建设工程共分两期，共投资 2.3 亿元。其中，一期工程占地 100 亩，总面积 78 万平方米，其中商业用地 5 万平方米、仓库 2 万平方米。该市场于 2014 年 12 月开工，2015 年 9 月完工，有 470 个店面。二期工程占地 50 亩，处于规划建设中。该市场每年为巴吉村分红 400 万元，每五年追加 50 万元，延续 25 年，25 年之后产权交予巴吉村，由巴吉村自主经营。

林芝物流产业园。巴吉村"两委"将村周边一些不规范或乱搭乱建的仓库拆除，建设统一而规整集中的物流产业园，有效带动村集体经济收入。一是规范巴吉村周边的仓库物流，打造一流的现代仓储物流中心。二是改善巴吉村的整体形象，美化周边环境。三是促进多个行业经济发展，加大林芝市的物流流量，促进区域经济流通。该项目总投资 2.37 亿元，能为社会提供 30 个就业岗位。巴吉村村民集资入股，每年按收益资金分红。

世界柏树王园林。该园位于巴吉村，距八一镇城区约 8000 米，海拔 3040 米。园林中有珍贵的千年巨柏近 1000 株，平均树高 44 米，直径 1.58 米。最大的一棵巨柏被冠以"世界柏树王"之称。经测定，其树高 57 米，直径 5.8 米，树围 18 米，树龄 2600 年以上。1985 年 9 月 23 日，该自然保护区被列为西藏自治区级自然保护区，"世界柏树王"名扬海内外。村"两委"借助景区地理优势建设旅游商圈，鼓励村民参与旅游服务业，办起了土特产一条街。土特产一条街总投资 200 万元，目前设有摊位 60 个，全村参与率达到 90% 以上，参与户人均年收入约 4 万元。

巴吉村奶牛养殖场。养殖场位于巴吉村西南 500 米处，于 2007 年成立，属村集体经济组织。养殖场面积 17900 平方米，共投资 592.1 万元。2015 年，养殖场共有奶牛 448 头（区外引进奶牛 200 头）。牛奶主要销往八一镇周边学校、宾馆、部队。2015 年，年产鲜奶 5200 千克，养殖场实现产值 38 万元，纯利润 30 万元。

巴吉村蔬菜大棚种植。巴吉村建设蔬菜大棚 379 亩，其中 350 亩租给外来人员，按照土质的差异，租金每亩为 600 元至 1200 元。剩余的 29 亩蔬菜大棚，村民自己种植，自给自足。目前，外来人员种植的蔬菜大棚共 907 个，村民自己种植的蔬菜大棚有 90 余个。

其他产业。广东东阳光药业股份有限公司租地资金年收入 101 万元。西藏巅峰旅游公司经营的措木及日冰湖景区每年返利 30%，2016 年返利 35 万元。

三 文化资源

巴吉村村民和工布其他地方的农牧民一样被称为"工布人"（意为生活在凹地里的人），他们有自己的语言和独特的文化。

饮食文化。酥油、糌粑、牛羊肉、青稞酒、甜茶、奶茶等是巴吉村民日常饮食中不可缺少的。此外，工布藏族还延续着林芝地区民间传统美食——工布藏餐。工布藏餐一般就地取材，选用当地特产野菜和松茸，配合独有的酥油，加上盐、葱、蒜和辣椒，制作多种多样的民族特色菜肴。比较出名的有烧烤藏香猪、松茸辣椒酱、荞麦饼、藏香猪腊肠、牛髓汤等。

服饰文化。巴吉村的男女喜穿氆氇制成的"果秀"（毛呢长袍）。妇女腰带银链，喜戴首饰，背披一张猴皮坎肩。

节日文化。巴吉村村民除了和其他藏区群众一样过藏历新年外，还过当地传统节日工布节。每年藏历10月1日巴吉村及附近的村民都要过工布节。工布节与藏历新年相比，有着较强的林区特色，主要活动有赶鬼、请狗赴宴、吃"结达"、背水、祭丰收女神等。

竞技文化。工布藏族传统游艺竞技项目繁多，有工布响箭、抱石头、大象拔河、赛马、射箭、摔跤、赛牦牛等，其中，尤以工布响箭最为著名。每当举办响箭比赛时，巴吉村男女老少都身穿节日服装，来到比赛现场观看，若有人射中，歌舞队就载歌载舞庆祝一番。工布响箭在庆丰收、迎新年等重要节庆活动中是一项必不可少的体育娱乐活动。

四 经济发展

全村总耕地面积1056亩，主要农作物有土豆、小麦、青稞、油菜等。巴吉村被称为"汽车村"，运输业是当地群众的重要收入来源。2015年，全村经济总收入1362.7万元，人均纯收入15047元，人均现金收入9780元。2017年，巴吉村经济总收入达2553.6万元，村集体经济收入930余万元，人均纯收入23700元，人均现金收入17775元。近年来，巴吉村先后被评为西藏自治区小康示范村、精神文明示范村、小康文明示范村、林芝县党建示范村、汽车小康示范村、中国农业银行钻石卡村和第五届全国文明村，村"两委"被评为林芝地区先进基层党组织。

截至2015年底，巴吉村共有建档立卡脱贫户6户16人（其中五保贫困户2户2人、低保贫困户2户7人、一般贫困户2户7人），2016年底已全部脱贫。

第二节　调研结果分析

一　巴吉村调研户基本情况

在本次住户调查中，根据巴吉村实际村住户比例，确定调查自精准扶贫精准脱贫工作开始以来的脱贫户6户，非贫困户54户，脱贫户和非贫困户比例见图4-1[①]。

精准扶贫精准脱贫百村调研·公众村、章麦村、巴吉村卷

---

① 本章统计图，均来自巴吉村调研。

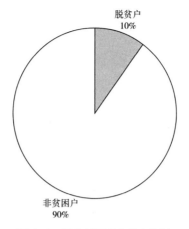

脱贫户
10%

非贫困户
90%

图4-1 巴吉村调研户分布比例

在住户规模上，调查样本中住户多为一户3~4人，脱贫户规模为1~4人，家庭劳动力相对较少（见图4-2）。

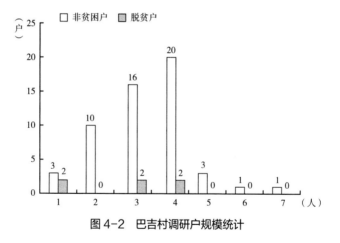

图4-2 巴吉村调研户规模统计

在年龄构成上，剔除调研户中在家时间小于6个月的家庭成员，可以发现巴吉村调研户的年龄构成呈现成年型（中间型）人口的特征，同时伴有老龄化的发展趋势，有效样本中19岁及以下的32人，20~39岁的青壮年 54 人，40~49 岁的 36 人，50 岁及以上的 63 人（见图 4-3）。

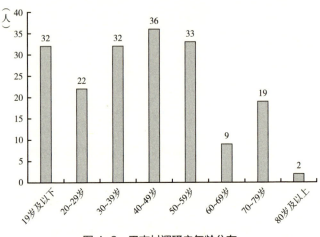

图 4-3　巴吉村调研户年龄分布

从调研户的户主年龄来看，老龄化的特征更加明显，低于 50 岁的户主有 20 人，50~59 岁的户主有 15 人，60~69 岁的户主有 6 人，70~79 岁的户主有 15 人（见图 4-4）。

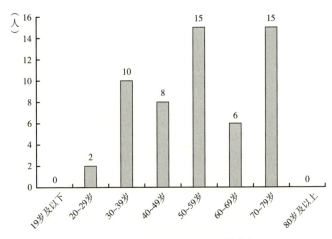

图 4-4　巴吉村调研户户主年龄分布

二 巴吉村调研户住房情况

在住房情况上，所有调研户至少拥有一套自有住房。巴吉村调研户户均住房面积172.5平方米，人均住房面积53平方米。巴吉村81%调研户是在2008年前建造或购买房屋的，2009年建造或购买的房屋占4%，2010年建造或购买的房屋占5%，2011年建造或购买的房屋占4%，2012年建造或购买的房屋占4%，2013年建造或购买的房屋占2%（见图4-5）。巴吉村房屋配套设施较为齐全，户户通电、通自来水，供暖设备多为炉子、电暖气，全部安装了电热水器或太阳能热水器。

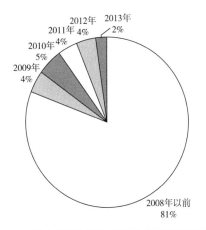

图4-5　巴吉村调研户住房建造或购买年份情况

在住房情况满意度上，脱贫户对住房情况的满意度较高，20%的调研户对当前的住房状况非常满意，80%的调研户比较满意（见图4-6）。

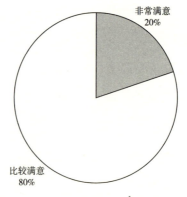

非常满意
20%

比较满意
80%

图4-6　巴吉村脱贫户住房情况满意度

巴吉村调研户均认为住房状况良好，没有危房。87%
的调研户和城里人一样住进了楼房（见图4-7）。

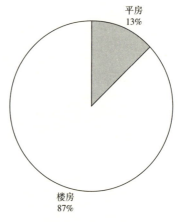

平房
13%

楼房
87%

图4-7　巴吉村调研户所住平房、楼房数量对比

在人居环境方面，巴吉村卫生厕所普及率高达95%，
生活污水全部实现管道排放，生活垃圾定点堆放，环境卫
生设施齐全，人居环境进一步得到改善（见图4-8）。

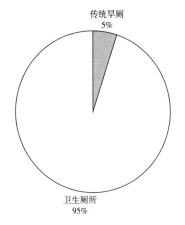

传统旱厕
5%

卫生厕所
95%

图4-8　巴吉村调研户卫生厕所普及率

三　巴吉村调研户收入支出情况

巴吉村2016年收入支出的抽样调研结果是调研户户均纯收入75406元，脱贫户户均纯收入29977元；调研户户均支出54835元，脱贫户户均支出9892元（见图4-9）。

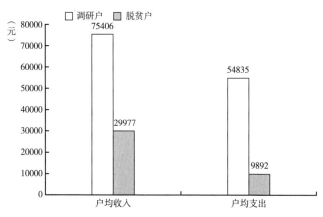

图4-9　巴吉村调研户和脱贫户收入支出情况

巴吉村调研户收入构成主要有工资性收入、农业经营收入、非农业经营收入、财产性收入、补贴性收入和其他收入（包括赡养性收入、低保收入、报销医疗费、养老金、离退休金收入等）。其中财产性收入和农业经营收入占比较高，分别为 39% 和 36%（见图 4-10）。

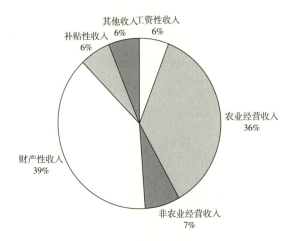

图 4-10　巴吉村调研户收入构成情况

巴吉村调研户对收入满意度较高，在"你觉得你们家2016 年收入怎么样"问题上，3% 的调研户认为非常高，16% 的调研户认为比较高，81% 的调研户认为一般，没有认为较低和非常低的（见图 4-11）。

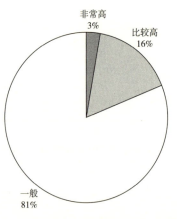

图 4-11　2016 年巴吉村调研户收入满意度

在"你对你家的家庭收入满意吗"这个问题上，15%的调研户非常满意，19%的调研户比较满意，66%的调研户认为一般，没有不太满意和不满意的情况（见图4-12）。

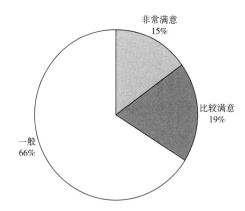

图4-12　巴吉村调研户家庭收入满意度情况

巴吉村调研户的支出构成主要有农业经营支出、非农业经营支出、教育支出和其他支出（包括报销后医疗总支出、养老保险费、合作医疗保险费等），分别占23%、39%、23%、15%。其中，除一般经营支出外，家长在子女教育的经济投入上表现出更大的热情（见图4-13）。

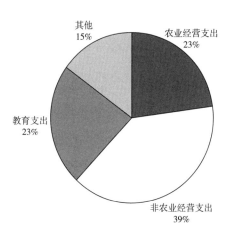

图4-13　巴吉村调研户支出构成情况

在家庭耐用消费品上，彩色电视机、空调、洗衣机、电冰箱或冰柜、电脑、手机基本实现了全覆盖。在农机和农业设施上，拖拉机、轿车/面包车拥有数量较多（见图4-14）。

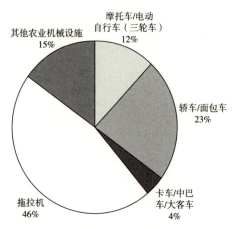

图4-14　巴吉村调研户农机、农业设施拥有情况

四　巴吉村调研户生活满意度情况

总体来看，巴吉村调研户对现在的生活状况满意度较高，认为目前生活状况一般的仅占4%。调研户和脱贫户对当前生活非常满意的，分别占17%和25%；比较满意的，分别占79%和75%。从生活的主观感受来看，脱贫户的满意度高于总体水平，有25%的脱贫户对当前生活感到非常满意，高于调研户8个百分点（见图4-15、图4-16）。

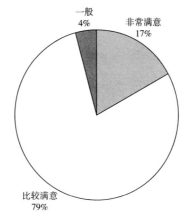

图 4-15 巴吉村调研户生活满意度调查

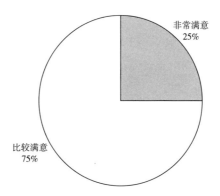

图 4-16 巴吉村脱贫户生活满意度调查

在调研户对自己目前生活水平情况的评价上，有 68% 的调研户认为目前生活好一些，28% 的调研户认为目前生活好很多。脱贫户中有 50% 认为目前生活好很多，50% 认为目前生活好一些，没有脱贫户认为目前的生活同以往差不多或者倒退（见图 4-17、图 4-18）。

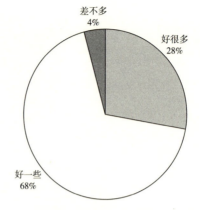

差不多
4%

好很多
28%

好一些
68%

图 4-17　巴吉村调研户对目前生活水平的感受

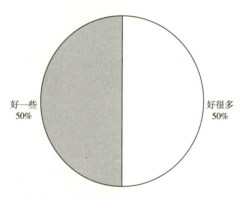

好一些
50%

好很多
50%

图 4-18　巴吉村脱贫户对目前生活水平的感受

　　关于未来生活的预期，调查问卷中设置了"你觉得 5 年后，你家的生活会变得怎么样"一题，结果显示大部分调研户对未来生活充满信心，96% 的调研户认为未来生活会变得好很多和好一些。脱贫户对未来的生活更加有信心，五成脱贫户认为生活会好很多，超过调研户 16 个百分点（见图 4-19、图 4-20）。

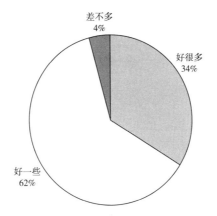

图 4-19　巴吉村调研户对未来生活的预期

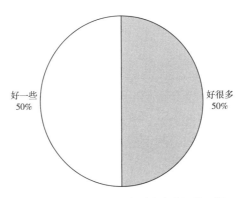

图 4-20　巴吉村脱贫户对未来生活的预期

　　在调查问卷中，在"与多数亲朋好友比，你家过得怎么样"问题上，脱贫户的调查结果与调研户相比出现了较大的差异，认为自己同亲朋好友的家庭状况相比，好很多的没有，好一些和差不多的各占25%，差一些的占50%。调研户集中在好很多、好一些上，好很多为6%、好一些为72%，差一些的比例仅为4%。脱贫户对自身和亲友圈他人相比在生活水平上的心理落差更大（见图4-21、图4-22）。

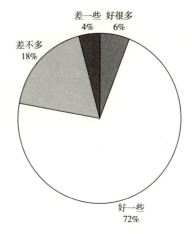

差一些 4%　好很多 6%

差不多 18%

好一些 72%

图 4-21　巴吉村调研户与他人相比生活水平主观感受

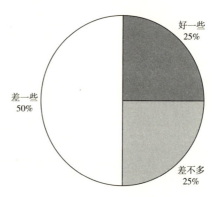

好一些 25%

差一些 50%

差不多 25%

图 4-22　巴吉村脱贫户与他人相比生活水平主观感受

在"与本村多数人比，你家过得怎么样"问题上，巴吉村有 5% 的调研户认为好很多，67% 的调研户认为好一些，认为差不多和差一些的分别占 24% 和 4%。脱贫户中，认为差不多和差一些的分别占 25% 和 50%，尤其是差一些的比例远高于调研户，且没有脱贫户认为自己生活水平好很多（见图 4-23、图 4-24）。

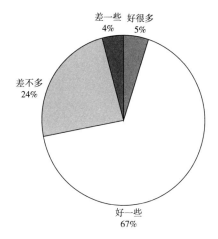

图4-23 巴吉村调研户与多数人相比生活水平主观感受

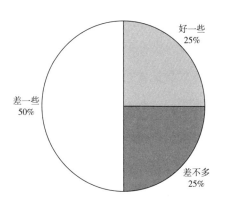

图4-24 巴吉村脱贫户与多数人相比生活水平主观感受

近年来，通过硬化村道路、新建排污管道、改造饮用水管道、修建蓄水池并铺设村内草地、种植树木等举措，巴吉村村容村貌显著改观，居住环境全面改善。在居住环境的调查上，调研户对家庭周围居住环境整体满意度很高，其中认为非常满意的为31%，比较满意的为67%（见图4-25）。

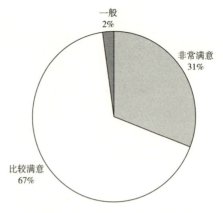

一般
2%

非常满意
31%

比较满意
67%

图 4-25 巴吉村调研户居住环境满意度

五 巴吉村调研户健康情况

巴吉村设有卫生室一个，配备两名乡村医生。全村所有人员均参加新型农村合作医疗。据调查，一些慢性疾病如高血压、关节炎、风湿、冠心病、糖尿病、残疾等成为影响巴吉村村民健康的重要因素。36%的调研户认为所患疾病情况比较严重。就2016年的治疗情况来看，43%的患者选择门诊治疗（见图4-26）。

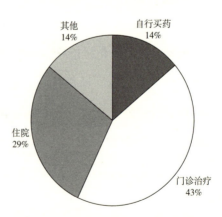

其他
14%

自行买药
14%

住院
29%

门诊治疗
43%

图 4-26 巴吉村调研户疾病治疗措施

在治疗总费用（含报销部分）方面，自费占比约 25%。不治疗的原因，70% 是因为小病不用医，其次为经济困难（见图 4-27）。

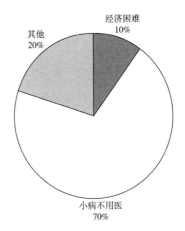

图 4-27　巴吉村调研户患病不治疗的主要原因

关于这些疾病对巴吉村患者生活质量的影响，目前在行走、洗漱或穿衣、日常活动等方面大多数都可以自理。在心理健康方面，患病群众中有 65% 表示没有问题，22% 认为有一点问题，9% 有一些问题，4% 的群众认为焦虑或压抑问题挺严重（见图 4-28）。

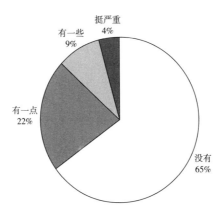

图 4-28　巴吉村患病村民是否感到焦虑或压抑

六　巴吉村社会治安情况

对巴吉村社会治安情况的调查结果显示，2016年没有调研户遇到偷抢等公共安全问题。在"在你居住的地方，天黑以后一个人走路，你觉得安全吗"问题上，67%的调研户认为非常安全，33%的调研户认为比较安全，显示出巴吉村完善的社会治安体系给了村民安居乐业的生活环境（见图4-29）。

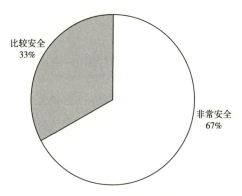

图4-29　巴吉村社会治安情况

在"关于养老是否有保障"问题上，巴吉村调研户普遍认为有保障，认为主要养老途径为子女、个人积蓄、养老金、个人劳动的分别占45%、22%、24%、9%。脱贫户认为主要养老途径为养老金，占比为50%（见图4-30、图4-31）。

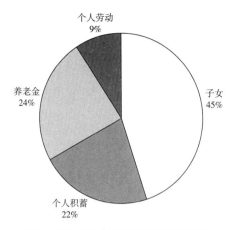

图4-30 巴吉村调研户养老途径调查

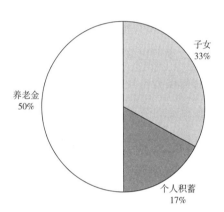

图4-31 巴吉村脱贫户养老途径调查

七 巴吉村调研户就业情况

对巴吉村调研户就业收入的调查结果显示,巴吉村从事本地自营非农业的比例远高于从事农业的比例,从事非农业的占比高达62%,还有18%的调研户在本地打零工(见图4-32)。

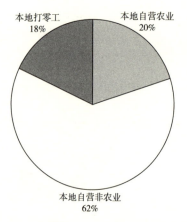

图 4-32　巴吉村调研户劳动力投入生产天数比重

（图中标注）
本地打零工 18%
本地自营农业 20%
本地自营非农业 62%

通过对固定性工资收入就业的劳动力进行进一步调查得知，绝大部分固定性工资收入的劳动力是在县内本乡镇外就业，说明巴宜区对劳动力有很强的吸引力，基本满足了农村劳动力自身的发展成长预期。

在就业的劳动保障问题上，有医疗保险的比重为56%，有养老保险的比重为36%，有生育险的比重为6%，失业险和工伤险仅为1%。所有调研户都没有住房公积金，也从未遇到拖欠工资的情况，说明农村劳动力的各项保障近年来有所好转，但是保障水平仍有待进一步提高（见图4-33）。

八　巴吉村基层党建与村民自治参与程度情况

在关于"你或者家人是否参加了最近一次村委会投票"的问题上，95%的调研户参加了最近一次的村委会投票（见图4-34）。97%的调研户参加了最近一次的乡镇人大代表投票（见图4-35）。其中，所有调研户中的党员都参加了村委会投票和乡镇人大代表投票。

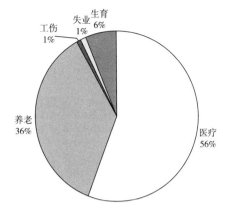

图4-33 巴吉村调研户务工人员社保情况调查

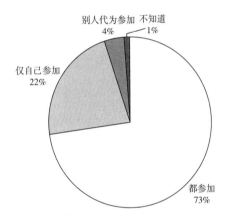

图4-34 巴吉村调研户最近一次村委会投票参与情况

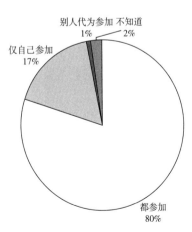

图4-35 巴吉村调研户最近一次乡镇人大代表投票参与情况

九 巴吉村调研户社会联系情况

巴吉村暂时还没有农民合作经济组织，需要进一步加强相关建设。文化娱乐和兴趣组织村民参与度不高，要加大文化活动宣传力度，丰富村民文娱生活。

对巴吉村已婚人士的调查中，调研户普遍对婚姻的满意度较高，夫妻相互间非常信任，与外地父母和子女联系也较多，家庭生活和谐融洽（见图4-36、图4-37）。

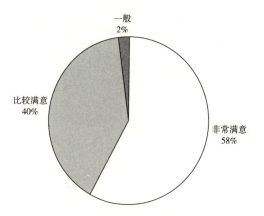

图4-36 巴吉村调研户婚姻满意度

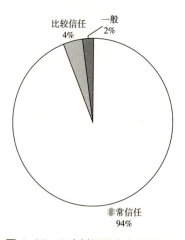

图4-37 巴吉村调研户夫妻信任度

精准扶贫精准脱贫百村调研·公众村、章麦村、巴吉村卷

十 巴吉村学龄儿童教育情况

在对学龄儿童上学地点的调查上，50% 的学龄儿童在本乡镇上学，12% 的学龄儿童在本县城（市、区）上学，38% 的学龄儿童在省外上学。在对学校的生活学习条件的调查上，12% 的调研户认为学校条件非常好，63% 的调研户认为比较好，25% 的调研户认为一般（见图 4-38、图 4-39）。

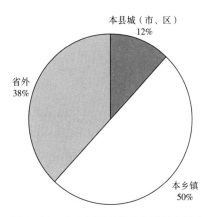

图 4-38　巴吉村适龄儿童上学地点调查

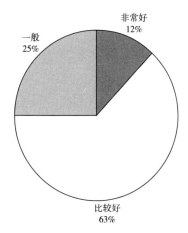

图 4-39　巴吉村适龄儿童学校条件情况

十一　巴吉村关于政府开展扶贫的态度调查

在"政府为本村安排的各种扶贫项目是否合理"问题上，所有调研户认为各类扶贫项目很合理，解决了村民的实际问题。在"认定脱贫时，乡村干部有没有来家调查"、"认定脱贫后，脱贫名单有没有公示"、"调整时，乡村干部有没有来你家调查"、"调整时，你家有没有签字盖章"等扶贫脱贫程序问题上，所有调研户选择"是"或"有"的肯定答案。

在"2015年以来得到的帮扶措施"问题上，调研户主要选择生产发展和技能培训，分别占32%和40%。其他措施如小额信贷、带动就业、异地搬迁等占28%（见图4-40）。

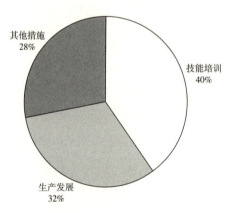

图4-40　吉村调研户2015年以来获得的帮扶措施

在基础设施建设项目方面，巴吉村已全面实现了自来水入户、电入户、基本农田建设改造。在"基础设施建设评价"问题上，非常满意的占12%，比较满意的占88%（见图4-41）。

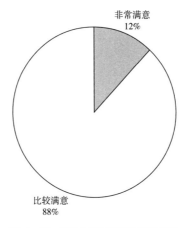

非常满意
12%

比较满意
88%

图 4-41　巴吉村基础设施建设评价

　　总体来看，精准扶贫户在收入、住房、生活环境、子女教育、就业等多方面满意度较高，说明巴吉村在落实精准扶贫精准脱贫决策部署方面取得显著成效，严格按照以"两不愁、三保障"为核心的标准程序进行脱贫退出工作，实现了脱真贫、真脱贫的目标。

第五章

公众村、章麦村、巴吉村精准扶贫
精准脱贫比较研究

习近平总书记指出，扶贫开发成败系于精准，要找准"穷根"、明确靶向，量身定做、对症下药，真正扶到点上、扶到根上。脱贫摘帽要坚持成熟一个摘一个，既防止不思进取、等靠要，又防止揠苗助长、图虚名。[①]公众村、章麦村、巴吉村脱贫攻坚立足本地实际，深挖潜力、巧借外力，下足"绣花"功夫，做好"精准"文章，坚决打好精准脱贫攻坚战。

---

① 中共中央党史和文献研究院编《习近平扶贫论述摘编》，中央文献出版社，2018，第72页。

第一节 公众村精准扶贫精准脱贫实践

一 加强组织领导

(一)从严要求,打造坚强的战斗堡垒

公众村党支部把加强村"两委"班子建设作为脱贫攻坚的首要任务来抓,确立了加强村党组织建设与推进扶贫攻坚紧密结合的整体思路,以"两学一做"学习教育为契机,严格落实各项规章制度,组织党员干部系统学习党章、党规,把守纪律、讲规矩挺在前面。定期召开民主生活会,通过开展批评和自我批评,打造了一支让党放心、让群众满意的党员干部队伍,形成了"组织健全、活动正常、制度完善"的良好局面。村"两委"在开展各项工作时,自觉坚持民主集中制原则,通过民主评议贫困户,村"两委"、上级单位审核公示审定等程序,畅通群众反馈信息渠道,主动接受村民监督。

(二)健全机制,落实组织保障

为强化村级脱贫攻坚的组织领导,公众村建立了以第一书记为组长,村党支部书记、驻村工作队队长为副组长,村"两委"班子成员、"双联户"① 户长和驻村工作队

---

① "双联户",即"联户平安、联户增收"。开展"双联户"服务管理工作,是西藏自治区党委、政府坚持走群众路线,把社会管理服务与群众工作紧密结合起来,把发展稳定任务落到城乡基层、落实到千家万户的积极探索。

队员为成员的村级脱贫攻坚领导小组，明确了脱贫攻坚责任，为脱贫攻坚工作提供了组织保障。

二　精准识别贫困户

（一）精准宣讲扶贫政策

坚持"扶贫先扶思想"，变"要我脱贫"为"我要脱贫"。公众村党支部坚持"扶贫先扶思想"，多次召开座谈会，与贫困户促膝谈心，宣传党的扶贫政策，让贫困户懂得"扶贫不是救济"，要主动甩掉"等靠要"思想，抓住党和政府提供的扶贫机遇，积极主动地通过自身努力尽快脱贫致富。为有效引导贫困群众树立自立自强的思想观念，公众村积极配合八一镇有关部门开展走访、调研、宣讲活动，通过座谈、交流、培训等方式，积极宣传国家脱贫政策，教育群众利用国家推进脱贫工作的有利契机，通过参与产业建设、输出劳务等有效途径，积极自我发展经济，推动群众的思想观念从"要我富"向"我要富"转变，促进了群众在脱贫攻坚中主体性作用的发挥。

（二）"七看法"确定帮扶对象

为全面摸清全村扶贫对象底数，公众村采取看房、看粮、看劳动力强不强、看家中有没有读书郎、看家中有没有灾和难、看基础设施完善不完善、看自然环境差不差等"七看法"，对贫困人口进行排查，确保符合标准的一户不漏，不符合标准的一户不进。驻村工作队深入开展进村入户调查和甄别，全面掌握每个贫困户的致贫原因、贫困程度和脱贫措施，积极配合巴宜区、八一镇开展扶贫调查摸底，严格按照群众申请、驻村工作队登记、村民代表会表决、村"两委"研究后在村委会公示流程，全面接受社会监督，并为每户贫困群众建立了贫困档案，为开展脱贫攻坚奠定了坚实基础。在2015年贫困户建档立卡数据的基础上，2016年再次对全村贫困户情况进行核实，积极配合区扶贫办和镇扶贫办对贫困户基本信息进行核定完善。通过精准算账、民主评议，村干部、驻村工作队入户核实、公示、公告等程序精准识别贫困户，做到该扶的一个不少。

三　实施党建扶贫

公众村党支部共有成员3人，由支部书记、副书记和委员组成。

（一）加强建章立制

在驻村干部的指导下，村"两委"班子对现有组织制度进行了修订完善，先后制定了《基层党建工作机制》《村干部坐班制度》《党员发展流程》等制度，对党建工作进行全面安排部署，并严格按照既定计划实施。同时，针对公众村党支部的实际情况，建立健全了党员学习制度、"三会一课"制度、重大事项集体研究制度、村"两委"联席会议制度、村"三务"公开制度等十余项制度，严格执行村民代表会议、党员议事会、"一事一议"、民主评议等制度，真正做到大家的事大家定、大家办、大家管。

（二）注重文化提升

制定《公众村村干部文化素质提升实施方案》，明确全年党员培训内容，组织村"两委"班子、"双联户"户长、35 岁以下党员参加村（居）素质文化提升教育、双语教育。按照学员的文化程度分大班、小班，大班学员掌握日常简单的应用文等，小班学员掌握拼音和简单的文字以及用手机发送拼音、文字等，提高了村民的文化素质。同时，积极参与八一镇党委统一组织的村干部文化提升培训。

（三）开展党员活动

利用党员固定活动日有利契机，定期组织开展党员活动，不断丰富基层党组织活动内容，引导公众村党员干部履行党员责任义务，逐步提升党员参与村党务工作的积极性。

（四）加强党员队伍建设

严格按照区委组织部关于党员发展工作的相关要求。根据申请入党群众的政治思想觉悟、为民办事服务和带头增收致富等日常表现，经过召开党支部专题会议研究等程序，2017 年，1 名预备党员转正，1 名入党积极分子被列为预备党员，新吸收入党积极分子 10 名，进一步为公众村基层组织队伍输入新鲜血液。

四 开展驻村扶贫

驻村工作队是西藏脱贫攻坚的重要力量。按照西藏自治区、林芝市、巴宜区深入开展创先争优强基础惠民生活动的部署安排，由巴宜区检察院、八一镇政府的选派干部组成的第一批驻村工作队于 2011 年 10 月 20 日正式入驻公众村。驻村人员实行一年一轮换。驻村工作队的职责主要是宣传惠农强农政策，强化基层组织建设，解决群众实际问题，增加群众收入。驻村工作队工作热情高、情况熟，对带领群众脱贫致富很有想法。通过走访贫困群众，深入了解贫困原因，帮助他们想办法，出点子，找路子，在公众村精准扶贫精准脱贫中发挥了积极作用，取得明显实效。

（一）办好实事好事

自入驻公众村开展"强基惠民"活动以来，驻村工作队本着想人民之所想、急人民之所急的活动精神，踏踏实实为人民解难事，办好事。

一是驻村工作队积极与区政府联系协调，通过区政府组织人员进行实地调查，向区旅游局争取工布藏香厂基础设施建设扶持资金 10 万元，向区人大争取工布藏香厂基础设施建设扶持资金 3 万元，确保该项目加快运营生产，项目投产带动 10 户群众增收。

二是利用"一对一"结对帮扶活动契机，配合区检察院、八一镇政府、林芝市农行、当地驻军部队等 4 家单位，看望慰问困难群众。

三是开展村党员入户走访五保户、低保户、困难户等弱势群体，驻村工作队争取资金关心他们的生活，解决困难群众日常所需。

四是村党员以及五保户敬某去世，驻村工作队第一时间组织村"两委"班子成员、"双联户"户长、党员，为其捐款4000余元。

五是为公众村贫困户从农行争取助学资金2000元。

驻村工作队走访慰问公众村贫困户情况见表5-1。

表5-1 驻村工作队走访慰问公众村贫困户情况

批次	走访次数	慰问方式
第一批	4次	发放慰问金、砖茶、面粉、大米、衣服、鞋子等生活用品、书包、铅笔等学习用品
第二批	5次	发放慰问金，面粉、电饭锅、火炉等生活用品
第三批	5次	发放慰问金，电脑、大米、罐头、面粉、食用油、砖茶、被子、毛绒毯、衣裤、鞋子等生活用品
第四批	5次	发放慰问金、米、面粉、油等生活用品
第五批	13次	发放慰问金，大米、面粉、牛奶、砖茶、酥油、罐头、清油、褥子、棉鞋等生活用品
第六批	12次	发放慰问金，油、米、月饼、面粉、罐头、棉被、毛毯等生活用品
第七批	5次	发放慰问金，米、面、油等日常用品

（二）宣讲中央精神

走访群众过程中，驻村工作队将宣传党的强农惠农政策贯彻始终，通过典型案例讲述、政策解读、集中宣讲等方式，积极宣传近年来西藏、林芝发生的重大变化，以及党的十八届五中、六中全会和中央第六次西藏工作座谈会精神，让群众明白党中央在未来针对西藏发展提出的具体措施和发展前景，坚定群众跟党走、感党恩的信心和决心。走访农户 65 户，走访覆盖率达 100%。一是每年春节、藏历年等节假日，看望慰问全村五保户、低保户，向他们发放大米、面粉、清油、砖茶等慰问品。二是"三八"妇女节期间，安排活动经费 3000 元，组织全村妇女开展庆祝活动。三是"3·28"西藏百万农奴解放纪念日和中国共产党成立 95 周年，组织党员、群众召开座谈会，邀请党建指导老师扎西泽仁进行反分裂斗争教育和新旧两个社会的对比，让党员、群众明白现在的幸福生活来之不易，永远牢记党的恩情，坚定不移跟党走。

（三）维护社会稳定

自驻村工作开展以来，驻村工作队始终把维护稳定作为首要政治任务来抓，全力做好各个敏感节点、长假等的维稳工作，真正做到了公众村大事不出、中事不出、小事也不出的维稳工作目标。建立和完善维稳应急预案，确保有人管，管得住。为积极创造和谐稳定的社会环境，根据本村实际，驻村工作队协助村"两委"制定村"两委"班子成员和"双联户"户长牵头，以全体群众为成员的《综治维稳方案》，并对维稳值班工作进行了安排部署。同时，驻村工作队积极开展外来人员和矛盾纠纷排查登记工作，共登记外来人员 7 名，开展矛盾纠纷排查 5 次。同时，在走访过程中详细了解村民中存在的邻里纠纷和外来人员纠纷，确保及时发现问题，及时处理问题。

（四）促进增收致富

驻村工作队及村"两委"广泛征求群众意见，确定项目方向。驻村工作队进驻以来，积极与村"两委"班子成员沟通，并在走访群众的基础上，全面了解公众村的基本情况和发展过程中遇到的实际困难与亟须解决问题，最终确定将公众自然村打麦场维修、色定自然村水渠维修、加定自然村仓库修建等3个项目列为驻村工作队重点任务，并积极与相关业务部门进行对接。目前，3个项目已经顺利完成。

五 组织援建扶贫

1994年7月20~23日，中央第三次西藏工作座谈会做出全国支援西藏和15个省市"对口援藏、分片负责、定期轮换"的重大决策，会议确定广东和福建两省对口支援林芝地区。1995年6月，广东和福建两省对口支援工作正式启动。至2015年底，各地共派出7批574名（其中广东援藏干部275名）干部赴巴宜、米林、波密、察隅、朗县、工布江达、墨脱7个县区，察隅农场、米林农场、易贡茶场以及20多个市直单位工作。20年来，共投入援藏资金43.83亿元，建设项目1268个（其中广东援藏项目960个），有力推动了林芝市经济社会快速发展。八一镇由广东省东莞市、福建省对口援建，20年来八一镇城市面貌、农牧民群众生活水平发生了翻天覆地的变化，公众村也从中直接受益。

(一)帮扶特色产业发展

加定村工布圣香厂是八一镇唯一藏香生产厂,且邻近民俗文化村,游客资源丰富。在该村开展"党建促脱贫"试点活动,以党员带动合作社成员、贫困户的方式,创新精准扶贫,先后投入12万元援藏资金支持改造产品展厅、产品体验厅和产品包装型材,提高产品知名度和品质,并帮助打开网络营销之路,已成功注册工布(GONGBU)牌商标及产品条码,并开通了网站和微信公众平台。藏香及香炉、香包通过淘宝网、微店、零售店等在全国市场上销售,对该厂拓宽藏香销路、提高经营效益起到良好效果。2017年实现营业收入22万元,入股社员和贫困户每户收入1.8万元。

(二)扶持特色旅游发展

2013年7月,广东旅游控股集团有限公司提出"引入村民参股,共同发展致富"的旅游创新模式,与公众村村委会、林芝县旅游服务中心等签订了《西藏林芝"西藏民俗第一村"项目合作协议》,把握"一村一特色,村村有风情"的原则,结合发展乡村旅游的实际,采用"公司+基地+农户"的方式,将公众村打造成为林芝市西藏民俗第一村。2014年,广东援藏队将该村列为小康示范村建设项目,投资400多万元,对全村基础设施及人居环境进行重新改造。小康示范村于2014年4月开工建设,2015年竣工,全村65户287人受益。截至2015年底,景区内有22个景点,其中具有代表性的景点有千年核桃王、古杨鼎立、糌粑喷香、鹦鹉叼桑、朗玛奇柳、杰江柳王、核桃绝唱等。

（三）加强基础设施建设

从 2010 年开始，八一镇先后出台《八一镇村容村貌整治和环境卫生治理实施方案》《八一镇关于对外来人员环境卫生治理的管理办法（试行）》，率先开展以"美丽村落是我家，农村不比城里差"为主题的村容村貌整治活动。公众村先行一步开展村庄环境美化和藏式围墙建设工作。采取"群众拿一点、村（居）帮一点、政府补一点"方式，新建垃圾填埋场 1 座，改造旧式刺围墙，建设新式藏式围墙，修建停车场、射箭场等。到 2015 年，全村人居环境优美，成为深受区内外游客喜爱的民俗文化旅游地。公众小康示范村于 2014 年 4 月开工建设，2015 年竣工。主要开展农牧业产业基础设施，村庄给排水，村道硬化，村级办公场所完善，村庄亮化、净化、绿化等工程建设。投资 300.39 万元（其中，援藏投资 260 万元、地区财政 20.39 万元、投工投劳 20 万元）新建射箭场（47.86 平方米）、打麦场（690.5 平方米）、休闲架空廊、围墙工程，购置健身器具等。投资 194.72 万元（全部为援藏投资）开展民俗村西入口建设，包括路面、大门、围墙、长廊、转经亭、绿化等。

六　军民联合共建

2003 年，在林芝地委、行署部署全面建设小康社会试点任务中，驻林芝某部通信营与公众村结成帮扶对子，进行对口帮扶，先后为公众村捐款 5 万余元，赠送衣服、桌椅、农具、良种、化肥，举办多期农牧培训班，培训技术人员；为村民安装用电线路免费供电，义务修公路，免费维修农具、电器等；同时定期开展"送温暖、献爱心"捐助活动。2016 年 2 月，通信营到公众村低保户、五保户家中进行慰问，并向慰问对象分别发放了大米、面粉、罐头等慰问品。2016 年 4 月 28 日，驻林芝某部医院的医生来到村公房，免费为所有村民进行体检。2017 年 1 月，兵站领导一行莅临公众村慰问五保户，并向五保户发放罐头一件、大米一袋、面粉一袋、现金 2600 元。2018 年 3 月 24 日，色定自然村阿吉林党支部邀请林芝边防支队某部官兵到色定自然村开展军民共建。官兵们与村民们一起劳动，积极为村里的建设添砖加瓦，体现了军民鱼水情。

七 有序退出

通过一系列帮扶措施，公众村 3 户一般贫困户收入均顺利达到国家脱贫标准。按照脱贫退出机制的相关要求，3 户一般贫困户均向村委会提出脱贫申请。经精准算账、强化审核，结合"两不愁、三保障"，进行民主评议、入户核实、拟脱贫户签字同意、公示公告、逐级上报审核等程序，3 户一般贫困户于 2016 年 10 月 20 日退出脱贫帮扶范围，实现精准脱贫。到 2016 年 12 月底，9 户精准扶贫户全部脱贫，至今无一户一人返贫。

八 建立长效机制

2017 年以来，公众村严格按照上级党委、政府关于推进扶贫工作攻坚的相关要求，继续推进扶贫开发工作，深化脱贫攻坚成果，引导贫困户彻底转变思想观念，确保脱贫后不再返贫，帮助群众增收致富，建立精准脱贫长效机制。

（一）充分发挥村党支部战斗堡垒作用

公众村党支部严格按照"六个好"党组织建设标准，切实抓好班子队伍、民主管理、服务群众、社会治安、环境美化、文明风尚建设。

一是完善党建工作制度。建立"三会一课"制度。村党支部通过建立"三会一课"制度，加强对基层党员的教育，努力建设一支政治过硬、思想超前、观念常新、知识丰富的高素质党员干部队伍。建立党员联系群众制度。为充分发挥党员的先锋模范作用，村党支部组织党员开展了一系列党员联系帮扶困难群众活动，以实际行动充分践行党员的先锋模范作用。建立"四议两公开"[1]工作制度。按照八一镇党委《四议两公开工作法实施方案》的要求，村党支部结合实际，对"四议两公开"工作法进行推广实施，确保村级重大事务都按照"四议两公开"工作法决策、实施，维护农牧民群众的民主决策、民主管理权利。

---

[1] "四议两公开"是指村党组织领导下对村级事务进行民主决策的一套基本工作程序，是基层在实践中探索创造出的一个行之有效的工作方法。"四议"是指村党支部会提议、村"两委"商议、党员大会审议、村民代表会议或村民会议决议；"两公开"是指决议公开、实施结果公开。

二是丰富党建活动载体。指导非公经济组织党建工作。为积极响应上级党组织关于深入开展非公经济组织党建工作的精神要求，公众村党支部针对辖区阿吉林特色经济发展农牧民专业合作社的实际情况，开展了党组织建设工作，成立了党支部，组建了党支部班子，并制定了一系列非公经济组织党支部制度，提高了非公经济组织的党建发展水平。开展"无职党员设岗定责"活动。村党支部对全村无职党员进行了分类，根据个人特点进行设岗定责，确保每位无职党员都能够发挥一技之长，为公众村发展做出应有的贡献。

三是强化基层党员队伍建设。严格按照区委组织部关于党员发展工作的相关要求，根据申请入党群众的政治思想觉悟、为民办事服务和带头增收致富等日常表现，召开党支部专题会议研究，做好发展党员工作，为公众村基层组织队伍输入新鲜血液。

（二）进一步壮大村集体经济

公众村党支部经过认真调研、深入走访，确定了打造民俗旅游村等发展新思路。

一是土地流转增收。将村集体520亩土地转包给种植大户和建筑构件生产商经营，使村级集体经济收入显著增加。

二是特色旅游增收。与广东中旅公司达成民俗村升级改造协议，对公众村古生态园进行恢复重建，先后修建了演艺厅、藏餐馆、篝火晚会表演场、停车场、厕所等旅游基础服务设施，建成了集观光、休闲、娱乐于一体的千年核桃王景区（千年核桃王民俗文化村）。

三是养蜂产业。色定自然村筹措资金50万元（其中政府投资20万元、10户农户入股投资30万元）修建养蜂场，油菜花蜜年产6吨，年收入120万元，桑花蜜年产2吨，年收入58万元。蜂场对蜂蜜产品的包装进行精心设计，取得良好的经济效益。

四是菌类养殖。加定自然村10户联营筹措资金90万元，其中政府投资50万元，10户入股投资40万元修建占地9亩的蘑菇基地，建成7个砖混结构温室，种植香菇、平菇和灵芝，年收入7万元。

五是发展民族手工艺品。公众村现有民族手工艺品制作艺人8人，以制作木碗、氆氇、"笛秀"（响箭设备）为主，可利用农闲时节对富余劳动力进行技能培训，壮大手工艺品制作人数，使其具有规模化，并利用"民俗第一村"景区的旅游优势进行销售，增加农牧民收入。

六是藏家乐餐饮。公众村比较大的藏家乐有阿吉林、土司农庄、盛世家宴、欢乐农家宴、火塘人家等。公众村藏家乐基本情况见表5-2。

表5-2 公众村藏家乐基本情况

名称	投资金额	经营特色	年接待人数	年创收
阿吉林	800万元	藏餐、住宿、民族手工艺、养殖业	5000人	400万元
土司农庄	1000万元	藏餐、烤乳猪、烤全羊	30000人	300万元
盛世家宴	60万元	牦牛宴、歌舞表演	100000人	180万元
欢乐农家宴	120万元	川菜、汤锅、烤全羊	30000人	120万元
火塘人家	300万元	烤羊、鸡、猪、鸡鸭鹅点杀	40000人	180万元

公众村已形成规模的有 7 户家庭旅馆、12 家藏猪养殖场、4 家蜜蜂养殖及周边产品加工企业、5 户糌粑加工合作社，大部分村民都参与砂石运输业。其中农牧民合作社中比较成功的有阿吉林农牧民合作社、工布圣香农牧民合作社、多旺手工艺品营销部、蘑菇种植基地、养蜂场等。

（三）巩固扶贫攻坚成果

一是加大各类扶贫政策宣传力度。通过多次走村入户和召开村民大会的形式，深入田间地头，向村民宣传讲解国家、自治区、市、区各级各类扶贫惠民和帮扶政策；加强对群众的引导，特别是对未纳入精准脱贫范围的困难群众的教育引导，帮助他们树立劳动致富光荣的意识，鼓励他们利用金融贷款发展产业，外出务工增加收入。

二是加大对发展一般脱贫户的指导。加强产业项目的后续管理，确保发挥项目长期效益，强化对脱贫群众的帮扶支撑，巩固脱贫成效。2018 年 4 月 24 日，驻村工作队前往 3 户一般脱贫户家中就扶贫、脱贫工作进行再次调研与巩固。工作队每到一户，都详细询问他们脱贫以后的生产生活情况，安排的环保、林业生态岗位资金是否落实到位，对当前的帮扶措施是否满意，对帮扶责任人是否满意等相关问题，并填写了精准扶贫的问卷调查。针对精准脱贫户反映的关于产业入股的扶贫措施问题，驻村工作队进行了详细的了解和记录，并第一时间反馈到八一镇相关部门，以更好地开展扶贫项目，巩固扶贫成果。2018 年 4 月 30 日，公众村驻村工作队对结对帮扶对象进行慰问调研，了解本村结对帮扶户家中的实际困难。驻村工作队购置了米面粮油等日常用品，尽一点微薄之力，给帮扶户送去温暖。

三是鼓励和号召村民参加各类技能培训。2017年上半年组织村民参加培训与就业转移，不断拓宽就业渠道。开办民族手工艺培训班1次，累计参加培训人员40名；组织人员参加人社局举办的烹饪培训1名、酒店管理和服务培训4名、电子商务培训1名、挖掘机技术培训7名。

四是督促各类帮扶资金落实到位。2017年，完成教育扶持对象的信息入户核查工作，兑现教育帮扶资金86340元，给予贫困家庭1000~7000元不等的助学资金补助，兑现生态岗位工资30000元。对2016年纳入社会保障兜底对象的6户7人继续给予帮扶，累计发放低保金和定向补贴资金共计4.2万元。同时配合区扶贫办、八一镇做好新增贫困人口的审查登记工作，确保困难群众均享受国家扶持，早日实现脱贫致富。

总结公众村精准扶贫精准脱贫的实践，不难发现，精准扶贫精准脱贫是一个全局性系统性工程。从资金来源看，应积极构建政府、市场、社会等多元化资金投入机制。从帮扶方式看，自主创业、产业扶持、企业帮扶、对口帮扶、政府兜底等帮扶举措需要齐头并进。从帮扶主体来看，需要建立自上而下的扶贫体系，发挥基层党组织、驻村工作队、村集体产业、贫困群众的作用，形成脱贫攻坚的体系。

第二节　章麦村精准扶贫精准脱贫实践

一　建档立卡，掌握贫困户生产生活信息

制定了《八一镇章麦村建档立卡贫困人口动态调整办法》，提高扶贫精准度，实行贫困人口动态调整，及时掌握贫困人口新增和贫困人口退出信息。在贫困户的确定方面，严格按照"一申请、一评议、两审核、三公示、县审定"的程序执行，即根据国家、自治区制定的贫困标准，采取贫困户申请，入户调查，村民代表大会评议，村"两委"和镇党委、政府审核的方式确定贫困户范围，并经过村、镇、区三级公示，由区扶贫开发领导小组审定，确保扶贫对象公开、公平、公正。章麦村驻村工作队与村"两委"紧密配合，开展深入调查，挨家挨户了解情况，摸底调查核实贫困户家庭基本情况，宣传扶贫有关政策，保证贫困村、贫困户的情况准确真实。在贫困人口退出方面，以每年年初提出的减贫计划为依据，以户为单位，以农户家庭人均纯收入稳定超过国家扶贫标准且达到"三不愁、三保障、三有、五享有"为依据，按照贫困户申请脱贫，村民代表大会评议，村"两委"、镇党委、镇政府和脱贫攻坚指挥部审核，村、镇、区三级公示，区扶贫开发领导小组审定的程序要求，对当年已脱贫的贫困人口进行建档立卡系统脱贫操作。为防止出现贫困人口信息造假，确保扶贫政策和扶贫资金使用得当，章麦村配合巴宜区对贫困

人口信息开展疑点审计工作，对贫困人口缴纳养老保险、身份证编码与实际不符、贫困人口为财政供养人员、贫困人口为有限责任公司出资人、拥有车辆、有个税缴纳记录、有住房公积金缴纳等疑点进行逐个排查，确保了贫困人口信息真实可靠。

二　建立健全扶贫工作机制，为精准扶贫提供制度保障

（一）成立机构，加强领导

成立由村党支部书记任组长，驻村工作队、班子成员为副组长的脱贫攻坚领导小组，负责脱贫攻坚工作的规划、组织、指导、协调、督查、落实等工作，保证脱贫攻坚工作顺利快速推进。

（二）提高认识，落实责任

组织驻村工作队和村"两委"认真学习党的扶贫工作精神，及时了解掌握林芝市、巴宜区各项扶贫政策和工作要求，明确了工作目标。根据目标任务，进一步落实责任与分工，统筹安排好调查研究、协调沟通、入户调查等各项工作，确保脱贫攻坚工作顺畅、有序开展。

（三）分析贫困原因，制定扶贫规划

章麦村驻村工作队员配合村"两委"人员深入贫困户家中摸底调查，了解贫困户家庭经济情况以及贫困户生

产、生活情况，查找贫困原因，交流了解贫困户脱贫意愿，根据其脱贫意愿为其量身制订脱贫工作计划，确保脱贫工作有针对性、有可行性。

（四）加强引导，营造氛围

采取多种形式，加强对采取科学方法、依靠自身力量实现脱贫致富的宣传力度，坚定贫困农户脱贫致富的主动性和创造性。教育引导贫困户学习文化、相信科学，激发他们学习脱贫生产生活技能的积极性。及时总结宣传帮扶工作的好经验、好做法，不断助推脱贫攻坚工作深入发展。

三 抓党建促脱贫，加强基层党组织建设

（一）以"两学一做""四讲四爱"学习教育活动为契机，以加强基层党组织建设和发挥党员模范作用为着力点，建强村"两委"班子，落实党建引领精准脱贫"六个一"活动，完善扶贫攻坚制度，开展党员固定活动日活动，充分发挥后盾单位党支部作用，激发群众脱贫积极性。章麦村"两委"为1名患重病贫困群众组织了捐款活动。章麦村党支部开展了"访贫问苦结穷亲"主题党日活动，慰问孤寡老人，捐赠现金6700元；组织了慰问贫困户活动，为贫困户带去生产生活用品。

（二）加强扶贫战线上党组织的建设。章麦村将贫困户和"双联户"工作联系起来，确保贫困户平均分配到每

个"双联户"，以"双联户"为单位，组建党小组。党小组在村党支部的领导下开展工作，使党的组织优势在扶贫工作中得到充分发挥。

（三）创新工作机制，形成村党支部领导下的党小组负责制，发挥党小组在扶贫工作中的桥头堡作用，大大提高了村党支部的工作效率。

（四）加强村党支部党员的教育和管理工作，多次组织专题学习，传达各级党委、政府关于精准扶贫工作的政策部署；开展精准扶贫实际操作业务培训，着重培训扶贫领域中的政治纪律、工作纪律、群众纪律，用纪律约束管理扶贫工作队伍，充分发挥党员在脱贫攻坚中的示范带头作用。

四　开展结对帮扶行动，引导贫困户脱贫致富

结对帮扶是精准扶贫的有效形式。巴宜区制定了帮扶活动实施方案，组织了以"四对一结对帮扶""千干扶千人、一帮一交朋友"活动为载体的"结对帮扶到村到户"活动。"四对一结对帮扶"把村"两委"、驻村工作队、区有关部门、乡科级干部纳入帮扶人队伍，动员党员干部对贫困户进行包户到人帮扶，解决贫困群众的生活困难。"千干扶千人、一帮一交朋友"帮扶活动按照不脱贫不脱钩的原则，确保每名困难群众有一名干部进行跟踪帮扶。章麦村按照巴宜区制定的结对帮扶方案要求，积极开展结对帮扶行动，组织村"两委"、驻村工作队、巴宜区

政协及相关干部与贫困户结成帮扶对子。各帮扶人定期入户，了解结对帮扶对象基本情况、存在的困难，与贫困户共同制定帮扶措施，帮助贫困户实现脱贫致富。巴宜区政协干部职工入户走访帮扶对象每月不少于 1 次，向贫困户宣传党和国家的方针政策、法律法规和各项扶贫政策，提供物质资助，帮助贫困户分析致贫原因，精选发展路子，制定脱贫帮扶规划。驻村工作队员、第一书记、结对帮扶干部、村级干部等各村级帮扶人员不定期深入贫困户开展调查研究，因地制宜、因户施策，帮助每个贫困户研究制订脱贫计划，按照要求做好入户帮扶工作，建立管理好扶贫工作档案。为强化村级帮扶人员的业务能力，章麦村举办扶贫业务知识集中培训 3 次，村级帮扶人员的战斗力和凝聚力得到了加强。

五 实施产业到户、因户施策，推动产业扶贫工作

产业扶贫有利于促进扶贫造血功能，对于稳固脱贫基础，全面促进农户增收具有十分重大的意义。章麦村结合本村实际，启动产业扶贫到户项目，加快发展特色农牧业，吸纳贫困群众就业创业。

（一）在现有产业发展基础上通过产业项目扶持不断扩大城郊藏香猪、犏奶牛养殖，使之成为贫困群众脱贫致富的有效载体。章麦村为每户免费修建了牛棚、猪圈，并免费提供了第一年启动的种苗，为藏香猪养殖户每户提供幼崽 30 头，为犏奶牛养殖户每户提供犏奶牛 2 头。累

计扶持发展藏香猪、犏奶牛养殖产业贫困户5户，惠及11人。

（二）认真落实强农惠农政策。发放各类惠农补贴，降低贫困户农牧业生产成本。积极引导贫困户参加有关商业保险，增强贫困户承灾能力。

（三）加强产业扶持，提升造血功能。充分发挥农业合作社的带动作用，组织每个合作社联系1~2户贫困户，帮助他们发展产业，带动他们脱贫致富。章麦村与粤藏联合牧业公司签订合同，联合建设占地60多亩的种猪繁殖基地，繁殖基地优先雇佣本村贫困户务工。这一措施使得全村贫困户除部分五保户外家家有产业、户户有增收，为脱贫攻坚打下了坚实的物质基础。

六　加快基础设施建设，扩大公共服务覆盖面

（一）依托美丽乡村建设，整合公共服务资源。在上级部门的大力支持下，章麦村加大对村级道路及巷道硬化、人畜饮水和公共活动场所建设的投入力度，全村建成了较为完善的水电路信等基础设施，基本公共服务水平得到大幅提升。

（二）加强组织阵地建设。积极争取资金，修整村党支部硬件设施，完善村组织阵地设施，落实规范化办公管理制度，强化"一平台两中心"为民服务功能。通过驻村工作经费投入，完成了章麦村新村公房标准化建设，进一步强化了基层党组织服务群众的功能。

（三）积极开展扶贫信息服务。章麦村组织扶贫工作队成员与村"两委"干部不定期走访贫困户，及时了解贫困户相关信息，根据贫困户的需求，开展了贫困户医疗保障、小额免息贷款、就业培训等各方面的扶贫信息咨询服务工作。

（四）提供生产生活设施扶持。根据贫困户需求，为5户贫困户开展改厨、改厕、庭院改造等人居环境改造，为1户贫困户提供床、桌等家具补贴，为7户贫困户提供家电下乡补贴。

七　用足用好教育扶贫政策，做到教育扶贫不落一人

章麦村共有建档立卡在册贫困在校学生3人，其中小学1人、高中1人、高校1人。章麦村高度重视助学扶持落实，在各学校以及教育主管部门的配合下，充分发挥驻村工作队、第一书记、村"两委"干部、帮扶责任人的力量，通过宣传政策、积极争取、协助办理等方式，确保全村符合条件的在校贫困学生全部享受到教育扶贫的补助政策，真正做到了教育扶贫不落一人。

（一）落实三包补助政策。三包是指包吃、包住、包学，折换成人民币为小学以上每人每年2900元，学前学生每人每年2400元，其中80%用于生活，20%用于购买装备。

（二）落实学生补助政策。针对大学教育（含大专）除教育、农林牧等个别专业外都要交纳学杂费、生活费等

实际情况，为减轻困难户供养子女上大学的实际困难，在政府统一给予资助的基础上，对每名大学生每年给予学费、伙食费等补助 4000 元。对高中阶段（含中职）的学生，在享受"三包"政策每人每月获得 268 元伙食费之外，另外给予每人每月 300 元补助，按 10 个月计发；并给予路途补助每年 1000 元。对初中阶段的学生，学生的吃、住和学习用品等全部由国家承担，另外给予每人每年 1000 元的学校与家庭往返交通费。小学和幼儿阶段学生都享受高标准的"三包"政策，学生的吃、住和学习用品等全部由国家承担，另外给予每人每年 500 元的学校与家庭往返交通费。

八 逐步完善就业扶贫措施，大力开展转移就业脱贫

章麦村建档立卡贫困人口中，有劳动能力的为 10 人，占贫困人口比例为 66.67%。为促进贫困户就业，章麦村积极实施转移就业脱贫工程，不离乡不离土解决就业问题。

（一）积极沟通联系上级扶贫办、人社局等职能部门，加大各类技能中长期培训力度，拓展就业渠道，提高就业率。通过积极发动，章麦村部分贫困户参加巴宜区相关部门举办的各类培训班，学习了挖机、厨师以及手工艺制作等职业技能，实现了自主就业。

（二）充分把握和藤药业章麦种植基地、八一镇市政垃圾场改扩建工程在章麦村建设的机遇，引导和协调部分贫困群众到建设工地务工，帮助贫困群众每人增加年收入

近 3 万元。

（三）安排公益性岗位吸收贫困户就业。按照巴宜区贫困群众公益性岗位安排政策，章麦村具有劳动能力的贫困群众均获得了生态岗位，每人增加年收入 3000 元左右。章麦村还安排 1 名贫困群众担任电费收纳员，每年为其发放工资 2000 元。

（四）积极引导贫困群众参与生态环境保护与建设。通过沟通协调，章麦村引导部分有劳动能力的贫困群众从事地区森林防护、村内卫生维护等工作，以转移劳务就业的方式帮助贫困群众脱贫致富。

九　落实医疗救助政策，做好特殊群体贫困户脱贫兜底工作

章麦村部分困难户致贫原因为残疾、疾病、年老、孤儿等，这部分群体没有劳动能力，必须依靠政策救助进行脱贫。

（一）落实最低生活保障政策。自 2016 年 1 月 1 日起，年家庭人均纯收入在 2580 元以下的列入农村最低生活保障范围，分为重点保障对象、特殊保障对象、一般保障对象三类。重点保障对象是低保家庭中因长期患病丧失劳动能力的农村居民、丧失劳动能力的老年人和残疾人，保障标准为每人每年 2200 元。特殊保障对象是指低保家庭中丧失部分劳动能力的残疾人，保障标准为每人每年 1660元。一般保障对象是指低保家庭中的其他成员，保障标准为每人每年 1053 元。

（二）落实五保供养政策。对供养的五保户，每人每年发放供养金 4740 元。对集中供养对象实行衣、食、住、行、医全保障政策，每人每月发放零用钱 150 元。

（三）落实五种人合作医疗保险补助政策。确保章麦村五种人（城乡低保户、五保户、孤儿、残疾人、优抚对象）都能享受合作医疗保险补助，每人每年补助 30 元，五种人参加基本医疗保险由政府全额负担。

（四）落实临时救助政策。对因火灾或交通事故等意外事件、家庭成员突发重大疾病等导致基本生活暂时出现严重困难的家庭，或者因生活必须支出突然增加超出家庭承受能力导致基本生活暂时出现严重困难的最低生活保障家庭，以及遭遇其他特殊困难的家庭，给予临时救助。

（五）落实困难残疾人生活补贴和重度残疾人护理补贴政策。为困难残疾人发放生活补贴每人每月 55 元，为重度残疾人发放护理补贴每人每月 110 元。

总结章麦村精准扶贫精准脱贫的实践，可以看到，精准扶贫精准脱贫必须要依靠自身力量，充分调动贫困户的自主性和积极性。与其他各村相比，章麦村没有强大的集体企业带动就业，没有著名的传统手工业支持创收，也没有现成的旅游业吸引游客。他们立足实际，在充分激发贫困群众脱贫自主性的基础上，用足用好各类政策，成为八一镇第一批实现整村脱贫的村庄之一。在组织帮扶方面，建立了规章制度，明确了责任主体，形成了以驻村工作队、村党支部、帮扶责任人为主体的扶贫攻坚力量。在政策帮扶方面，用足用好教育、医疗、残疾、保险、产业等各方面政策措施，确保贫困户能享受的政策一个都不少。在就业帮扶方面，通过联络有关机构，协调周边用工单位，培养贫困户职业技能等方式，让有劳动能力的贫困户自己劳动脱贫，形成了脱贫工作中的一大亮点。在产业帮扶方面，提供基本的种养设备，提供苗种资源，并通过合作社提供帮助，逐渐形成产业规模。在物质帮扶方面，结合新农村建设和惠农补贴政策，改善贫困户的居住环境、生产工具、生活设施，增强了贫困户的获得感。

第三节　巴吉村精准扶贫精准脱贫实践

巴吉村是八一镇最大的行政村，习近平总书记曾先后两次到巴吉村调研。早在 1998 年，时任福建省委副书记的习近平第一次到西藏，就是送援藏干部到林芝。当时，习近平同志亲自把援藏干部送到岗位上，并一一嘱托让他们学习特别能吃苦、特别能奉献的"老西藏精神"。2011 年 7 月 21 日，时任中共中央政治局常委、国家副主席、中央军委副主席习近平再次来到巴吉村，了解新农村建设和基层党建工作情况，嘱咐大家"坚持因地制宜，广开致富门路，千方百计帮助群众增加收入，让老百姓的日子越过越甜"。

近年来，巴吉村牢记习近平总书记的嘱托，充分利用地缘优势，因地制宜，以集体经济破译致富密码，村民收入持续增长，推动高质量脱贫奔小康。

一　牢牢把握发展机遇

习近平总书记强调，中华民族伟大复兴绝不是轻轻松松就能实现的，我国越发展壮大，遇到的阻力和压力就会越大。从这个经验看，关键是时机和决断。历史的机遇往往稍纵即逝，机不可失，时不再来，必须紧紧抓住。[①] 在打赢脱贫攻坚战中，我们要认真贯彻习近平总书记的重要指示。对中华民族的创新发展而言，时机非常重要，对中华大地的脱贫攻坚而言，眼光前瞻、抢抓机遇，实现弯道超车亦无比关键。

巴吉村牢牢把握时机，多措并举支持村集体经济发展，提前布局相关配套产业，探索新的思路、积极盘活资金、学习先进生产经验，最终实现弯道超车，走上一条脱贫致富的高速路。

（一）大力发展新型农村集体经济的条件已经成熟

党的十九大报告明确提出："要深化农村集体产权制度改革，保障农民财产权益，壮大集体经济。"随着我国社会主义新农村建设力度的不断加大，农村经济发展水平进

---

① 《习近平在中国科学院第十七次院士大会、中国工程院第十二次院士大会开幕会上发表重要讲话》，《人民日报》2014年6月10日，第1版。

一步提高，农村集体经济成为农村基本的经济组成部分，是农村合作经济的主体，更是农村统分结合双层经营体制的物质基础，发展壮大村级集体经济条件逐渐成熟。

一是党的十一届三中全会以来，农村集体经济发展迅速、形式多样，一改过去"集体所有、统一经营"的体制。特别是伴随着家庭联产承包责任制的广泛实施，统分结合的双层经营体制逐步建立，越来越多的农民自发组织起来，顺应市场经济形势，实行劳动联合与资本联合的合作经营，自发成立了农民专业合作社以及股份制、股份合作制等多种形式的经济组织，提高了组织化程度，增强了村集体经济实力，增加了村民经济收入，实现了产业化经营，提高了资源利用率，实现了农村集体经济的大发展。

二是村委会和村党支部作为"统"方经营者的中坚力量，在集体经济组织中发挥着重要功能，对巩固党在农村的执政地位，发挥党在基层的号召力和凝聚力，全面贯彻党的路线方针和政策提供坚实的保障。在农村集体经济组织的发展建设中，村"两委"通过不断加强自身建设，发挥党员先锋模范作用和战斗堡垒作用，带领广大群众参与到发展壮大集体经济中来，特别是在保障贫困户的权益、实现共同富裕、助推农村经济不断朝着高水平的集体化方向发展方面发挥着巨大作用。

三是随着工业化时代的来临，农村劳动力大量向第二、第三产业转移，诞生了一批具有现代观念，有文化、懂技术、会经营、能创业，具备较大经营规模和具有较高收入的新型农民。他们接受过专业的教育和培训，有较强的商品经济意识和市场竞争能力，有强烈的发展集体经济的意愿，在当地也往往有较高的威望和地位，他们成为农村集体经济发展壮大的有力支撑和智力支持。在他们的带领下，广大农民愿意参与到集体经济建设中来，逐步抛弃自给自足的小农意识，从不断增强的村集体经济实力中获取自身的福利，真正实现村富民丰。

（二）巴吉村经济发展分"四步走"

第一步，抓住地理位置优越的条件。巴吉村位于川藏公路南线，紧邻八一镇，地理位置优越。20世纪90年代中期，村里组建了运输队，专门在八一至波密、日喀则至拉萨跑木材运输。最早是村支书达龙带领大家做木材生意，后来把赚的钱集结起来成立了运输队。到90年代，村里已经有50多辆车，被称为林芝"汽车第一村"，村里乡亲逐渐富裕起来。再后来为了保护森林，国家颁布法令禁止砍伐树木并推动植树造林，运输队就转向建材领域。据报道，2005年，在分散经营的基础上，巴吉村组建联营机械队，45户共300多人参与。2010年，巴吉村共有5台挖掘机、13台装载机、2台搅拌机、3辆重型卡车、46辆翻斗车，还有50多辆私家车。巴吉村实现机械运输收入239.8万元。[①]

第二步，瞄准市区建材市场活跃的需求。随着我国工业化和城市化的不断发展推进，市场对于建材的需求日益

① 王新玲：《川藏线上的村志》，《中国报道》2011年第8期。

增大。1999~2009 年的十年时间里，在村支书桑杰的带领下，村民先后集资成立了预制板厂、碧日混凝土有限公司、砂石加工厂等，前瞻的眼光和正确的选择，让巴吉村经济始终走在前列，分享国家改革发展红利，集体经济日益壮大，村民的收入和分红也越来越多。

第三步，科学利用农村集体土地释放的改革红利。2000 年前后，我国工业化、城市化快速推进，房地产业异军突起，中国独特的土地制度起到了重要作用。2012 年，巴吉村因征地获得 3000 万元的土地、草场补偿款。村支书米玛眼光长远，下决心带领村民走高质量发展之路，不能守着赔偿款坐吃山空，多次召开村民大会，多次与不理解的群众谈话，最终达成一致意见，用赔偿款购买 150 亩沼泽地和 28 亩城市用地，并通过招商引资、联合开发的方式，建起全村第一个产业——巴吉建材市场。根据协议，开发商每年为村集体上交 450 万元，每 5 年递增 50 万元，25 年后建材市场由巴吉村自主经营。

第四步，打造村级集体经济转型升级新样板。2019 年 7 月，经过申请报批、拆违拆乱、招商引资等，巴吉物流园区一期建成使用，这是继建材市场后又一改造升级项目。园区占地 229.87 亩，共有大型仓库 16 栋，目前签约商户 85 家，每年为村集体增收 200 万元。[①]物流园区项目旨在进一步完善村集体资产发展规划，进一步提高土地利用效率，探索与物流行业蓬勃发展相匹配的提质增效新路

---

① 陈尚才、王泽昊：《大河涨水小河满：西藏林芝市巴吉村发展集体经济》，新华网，2020 年 3 月 1 日。

径，更好地为广大村民谋福利。事实证明，这无疑是巴吉村委又一次非常正确的选择。如今，巴吉村又规划了新项目——农业观光园，总投资 5000 万元，占地 700 亩，集田园观光、水果采摘、农家乐于一体，集中发展旅游观光和休闲娱乐，相信以巴吉村丰富的文化景观、生态环境、农事生产活动以及传统的民族习俗等资源为基础，农业观光园必将为巴吉带来下一次的产业升级与经济腾飞。

（三）培育本地优势特色产业是关键

近年来，巴吉村党支部充分利用区位优势，先后成立汽车运输队、种养专业合作社、砂石专业合作社等经济实体，为村集体经济的发展壮大做出了应有贡献。但随着社会经济的发展、环保意识的提升，村党支部审时度势，及时转变观念，利用城乡接合部的地理优势，介入城市发展，采取"招商引资＋公司入驻＋土地入股＋集体分红＋群众受益"的经济发展模式，与群众共享发展成果。

在村"两委"多方考察和认真研究之后，为了紧抓林芝市城市建设的发展机遇，巴吉村果断行动，先后成立宏鑫商砼有限公司、雪域江南宏鑫建材市场、物流园仓储基地等经济实体，为村集体经济的发展注入强劲动力。公司入驻后，村"两委"将分散的资金、劳动力、土地和市场组织起来，通过联合生产、规模经营，解决"小农户"和"大市场"的对接和适应问题，采用集体分红的方式覆盖贫困人口，提升其参与度，最终促进农牧民增收。这种产业模式有效地提高了扶贫开发的针对性，也强化了驻村扶贫管理，使帮扶措施与群众所需所盼更加紧密，既能把握特色优势资源，提升市场竞争力，以骨干企业为依托，培养自己的生产经营实体，促进区域内经济整体发展，又能让精准扶贫成为长效机制，变"输血"为"造血"，从根本上帮助农牧民脱贫致富和稳定增收。

巴吉村产业扶贫的成功关键在于产业定位非常符合市场机制，并充分发挥出了带动辐射作用。首先，巴吉村的产业定位为交通运输、建材、旅游等非农产业，工资性收入和分红成为村民的主要收入来源，而非受市场波动影响非常大的农业和家庭经营收入，故村民的生产积极性很高，收入也能够稳定增长。其次，巴吉村找准市场需求，专门生产林芝市和八一镇城市建设所需的建材，并在原有运输队的基础上进一步扩大，建立物流园仓储基地，做大做强配套产业，推动村办产业规模化、特色化和市场化发展。在实地调研走访中，这些新型产业主体发育充分，市场繁荣。最后，巴吉村建立了紧密的产业共建利益共享机制。以雪域江南宏鑫建材市场为例，能让贫困家庭既有工资性收入，又有分红等硬性保障收入，与群众共享发展成果，避免了企业出于组织成本、盈利性考虑对村民利益造成的侵害。

二 大力推进共同富裕

实现共同富裕不是一句口号，而是社会主义的本质规定，是脱贫攻坚的奋斗目标，也是乡村振兴的应有之义。

巴吉村如今正迈步在共同富裕的道路上，近十年来农村居民人均收入水平持续稳步提升。2019年，依靠建材城、物流园区、商砼公司、园林景区等产业，巴吉村集体收入1200余万元，村民人均纯收入达3.4万元，分红最少的一家也能拿到10万元左右，真正实现了"共同富裕的路上一个也不能掉队"。巴吉村集体经济的发展壮大与实现共同富裕有着密不可分的关系，因为只有广大农民富裕才是真正的共同富裕，而集体经济的发展是巴吉村民走向富裕的必由之路。

（一）产生规模效益、缩小贫富差异的优势特征明显

农村集体所有制经济，不同于以往的"三级所有，队为基础"的人民公社时期的经济模式，也不同于一家一户的分散经营模式，而是因地制宜，与村域实际结合起来，采取综合经营、专业生产、分工协作的统分结合的双层经营体制。这种新型的经济模式一方面能够克服"大锅饭"的弊端；另一方面能够避免分散经营难以规模化和抵抗自然灾害能力较低的问题，从而妥善地协调集体利益与个人利益的关系，既保住集体经济实力，又便于发挥个人经营主体的积极性，有利于生产技术的进步、规模效益的提升和贫富差距的缩小，使集体产权具有多种有效的实现形式，在最大限度上取得经济效益。因此，农村集体经济模式的突出优势有效规避了农村经济贫富差距大的问题。从总体上看，巴吉村集体经济的发展经历了产业化、合作社、工业园区等阶段，基本是稳定的，而且在实践中不断

开拓创新与转型升级，使得这种经营制度不断释放活力和动力，在推动农业市场化、专业化和产业化发展与实现共同富裕中发挥着日益重要的作用。

（二）就业渠道广泛、收入来源多元的助贫作用显著

巴吉村采取"村集体 + 企业 + 农户"的模式和村集体与个体入股的股份制投入方式。随着集体经济项目每年收益的增加，参股人员的分红也在逐年增长。村集体还每年从集体收益中拿出资金来加强基础设施建设，不断盘活集体资产。从 2011 年到 2017 年，巴吉村的集体经济几乎从零开始，发展到如今村民人人享受集体分红。2016 年巴吉村集体经济收入达到 710 万元，人均纯收入超过 2 万元。

集体经济组织在运营过程中，不仅为巴吉村民提供了就业岗位，还带动了周边区域的产业化进程。村里致富能力弱的村民，有的在建材城、物流园区、商砼公司上班，有的在园林景区卖土特产或做农家乐生意，每个月有稳定的收入，逐渐改善了生活。巴吉村集体经济的壮大还不断吸纳周边劳动力，带动周边贫困户脱贫致富，辐射效应凸显。物流园区一期项目建设期间为本地群众增加 800 余万元的机械及人工工资收入，同时带动了周边 1000 余名群众就业。

（三）缩小城乡差距、助力乡村振兴的示范效益凸显

党的十九大报告提出的 2035 年目标鲜明地体现了缩小

城乡差距、改善人居环境、实现共同富裕的要求。比如，到 2035 年人民生活更为宽裕，中等收入群体比例明显提高，城乡区域发展差距和居民生活水平差距显著缩小，基本公共服务均等化基本实现，全体人民共同富裕迈出坚实步伐。城乡区域发展差距大是我国经济发展不平衡的一个显著特征，虽然近年来我国在统筹城乡发展、推进城镇化建设方面取得了突出进展，但是城乡间阶层固化、流动性不够，获取社会资源的机会不平等问题依然存在，成为制约乡村振兴的瓶颈因素。

在此背景下，巴吉村集体经济的发展如同连接城乡的桥梁，对内盘活农村资源，对外连接市场，坚持以人为本，大幅提高村民收入，有效地对接市场需求，加速城乡要素流动，大力发展旅游、物流等城乡融合业态，打通城乡转化通道，有利于构建新型城乡关系和促进城乡融合发展，加快缩小城乡居民收入差距。如今，巴吉村已经成为集体经济发展的领头雁，不断吸引本村乡贤和周边地区有能力、有头脑、有知识的人才学习取经，跨区域合作的共建项目逐步确立。越来越多的主体参与到农村集体经济发展中来，农村吸引要素回流的趋势不断凸显，基层组织自身造血功能增强，激活农村发展内生动力，反过来进一步促进乡村振兴与共同富裕。

三 不断增强村庄治理能力

随着农村集体经济的发展，巴吉村基础设施建设迅速推进，物质文明、精神文明不断发展，公共服务水平进一步提升，村庄治理能力进一步增强。

（一）巩固了基层政权

巴吉村集体经济的发展得益于村党支部的领导和组织，反过来也进一步加强了村级组织建设，进一步巩固了党的执政能力和地位。巴吉村集体经济经历了从弱到强、从小到大的转变，每一次的转变中党支部都发挥了至关重要的作用，尤其是村"两委"带头人通过学习考察，开阔视野、拓宽思路，耐心做群众的思想工作，"等靠要"只能坐吃山空，只有改革才有出路，激发寻求发展的内生动力，激活村民对未来美好生活的愿景；不断带领群众参与社会主义市场经济，想办法、找路子，增加集体经济收入，让广大村民的腰包鼓起来，为建设美丽宜居乡村打下坚实的物质基础，带动全体村民脱贫致富。近年来，巴吉村坚定不移地走党支部领办集体经济的路子，不断发挥村党支部先锋模范作用和战斗堡垒作用，提升了基层政权权力效用，加强了基层党组织凝聚力，对于打赢脱贫攻坚战、统筹推进城乡协调发展、全面建成小康社会具有重要的现实意义。

巴吉村集体经济如火如荼地发展，还有效避免了"村委空巢"现象。因为村务与村民利益紧密相连，村民对村干部选举也热心起来，更多村民在村干部的带领下能够以地取财，村委会的凝聚力和向心力也逐步提升，村民更加注重村民权利和对基层权利的监管。巴吉村乡村民主、乡村治理和乡村政治等的内涵也真正丰富起来。发展壮大村级集体经济无疑是充分发挥村级组织主体作用，促进县乡村联动形成合力，增强基层党组织凝聚力、创造力、战斗力和提升群众满意度的"捷径"。

（二）弘扬了集体主义精神

巴吉村实现经济腾飞靠的是聚集体之智、举集体之力。采取村民入股当老板的集体经济模式，每一位村民都是股东，每一位村民都享受经济发展的红利，每一位村民也在此过程中实现了身份的转变。不论是在工作中还是在生活中，激发起"大家好才是真的好"的奉献精神和集体意识，齐心协力、互帮互助，把集体经济当作自己的事业去发展。党员干部也积极发挥领头雁的作用，甘于奉献、勇于担当，主动向群众宣传发展集体经济的重要性和必要性，在充分尊重村民意愿的基础上，发动广大村民在村"两委"的统一带领下投身集体经济发展，创新产业发展方式，不断拓宽发展集体经济的路子，共同努力提高收入水平。

思路谋布局，干事出文章。口号喊得再漂亮，如果不能落到实处，不能让广大群众得到实惠，那么最终也得不到百姓的拥护和支持。巴吉村集体经济发展成绩百姓看在眼里，揣在兜里，只有实干实绩，才能凝聚起心往一处想、劲往一处使的共识，才能形成合力、产生效力，才能在村支书领头雁的带领下敢闯敢干，以勤劳致富为荣、以游手好闲为耻，在民族地区、边疆地区整体经济发展水平不高的情况下，趟出了一条康庄大道。巴吉也成为媒体争相报道的"明星村"。

（三）改善了人居环境和公共服务

有了物质基础做保障，巴吉村公共服务水平也明显提高，提升村容村貌，改善人居环境，使旧貌换新颜。

一是扎实推进"美丽乡村、幸福家园"工程。本着村民"自己组织、自己建设、自己使用、自己受益"的原则，工程全权交由村委会自行建设施工，由八一镇人民政府担任法人代表负责项目的协调和监督管理工作。该工程于 2014 年 12 月开工，2016 年 8 月完工，项目共计投资 2300 万元，建成了设施齐全、厕所干净卫生、庭院内外整洁的新巴吉。具体如下：硬化村道 12967 平方米；新建排污管道 3100 米，新建排污检查井 93 座；新建排污化粪池 30 立方米；改建饮用水主管道 2001450 米，修建蓄水池 150 立方米；铺设强电线缆 15587 米、弱电线缆 12038 米；改建围墙 4258 米；硬化打麦场场地 3780 平方米；村内绿化种草、种树 1530 平方米；铺设休闲广场及射箭场彩砖 1480 平方米；新建景观水沟 1460 米；改旱厕为水冲厕所 75 户；敷设通信线路管道 3860 米，建设检查井 35 座；新建村委会大门；新建景观栈道 1900 米，其中木质栈道 758 米、硬质栈道 1115 米；铺设村委会院内花岗石 1800 平方米。

二是加强环境卫生综合整治。建立门前"三包"制度，由村委会筹集专项资金，确定卫生清洁人员，专门负责村内卫生打扫清理。清洁员各有分工，由其中一组每天早晚对村内主要街道清扫两次，由另外分组人员负责清运垃圾，对没有按照制度进行的进行罚款教育。为保护野生树木生长，驻村工作队及村"两委"牵头，组织"双联户"户长及各小组组长集中清理影响市容环境的经幡，并设立了集中悬挂经幡地点，教育村民将经幡挂至统一地点，以免影响环境风貌和树木生长。对一家严重影响生活环境的砂石厂进行拆除整治，确保318国道两侧的环境卫生，为创卫工作添砖加瓦；每周一组织各小组成员及"双联户"户长对318国道两侧及污水处理厂和尼洋阁附近的白色垃圾进行清理。对村庄整体进行美化、亮化、绿化、洁化，全力打造美丽宜居乡村。制定村规民约以约束各家各户以及全体村民的行为：家禽牲畜实行圈养，大型牲畜养殖应远离村庄聚集区；柴草不准堆放在街道；禁止垃圾乱倒、污水乱泼；禁止乱搭乱建；保持庭院清洁，物品堆放整齐；实行卫生评比制度。家家户户行动起来，搞好自家卫生，从中选出代表户，张贴"美丽庭院"标牌，以起到表率作用。

三是搭建村级"服务民生"平台。为不断深化便民服务，整合全村民生服务资源，打造涵盖行政服务、市场服务、公益服务的民生服务体系，为基层群众提供便捷、贴心、有效的公共服务，巴吉村搭建村级"服务民生"平台，先后建立便民超市、便民服务大厅等。平台搭建后，有效解决基层行政服务"最后一公里"的问题，降低农民办事成本，实现数据多跑路、群众少跑腿，不断提高群众工作的科学化水平。村级综合服务平台的建成，还重塑了村级组织的形象，增强了村"两委"凝聚力，使村级党建工作和各项功能得到了有效整合和加强，更好地服务基层群众、服务民生事务，增加农民收入。

（四）补齐了脱贫"精神短板"

富裕起来的巴吉村，始终把提升农民群众文化生活水平放在重要位置，聚焦公共服务文化设施建设和文化活动开展，如加大文化广场、农家书屋等基础设施建设力度，还经常组织群众开展锅庄、拔河、抱石头、工布响箭等多种文体活动，使广大农牧民群众在自娱自乐过程中健康身心、陶冶情操。巴吉村百姓的获得感、幸福感不断提升，美好生活的幸福画卷在深山峡谷间铺展开来。

一是加强基础文化设施建设。巴吉村文化室设备完善，配备有多功能活动厅（教育培训、文艺排练、综合展示、召开会议）、书报刊阅览室（乡村书屋）、信息资源共享服务室及室外活动场地、宣传栏、黑板报等设施，使基层群众的文化活动有场地、有设备、有器材。2011年，巴吉村获得"优秀农家书屋"荣誉称号。

二是促进文旅融合发展。巴吉村有着丰富的文化资源和自然资源，村"两委"借助景区地理优势建立旅游商圈，鼓励村民参与旅游服务业，办起了土特产一条街。该街总投资200万元，目前设有摊位60个，全村参与率达到90%以上，参与户人均年收入有显著提高。

三是保护藏族传统文化。巴吉村不定时组织开展藏族文化活动，如锅庄、拔河、抱沙袋、男子掰手腕和工布响箭等，这些活动不仅丰富了村民的业余文体生活，还继承和发扬了藏族文化传统。巴吉村还举办丰富多彩的藏族节庆活动，以节致富，拉动旅游、商贸等相关产业，增加村民收入。

四 "明星村"背后的奥秘

20世纪80年代初，巴吉村还在为温饱发愁；2011年，巴吉村集体经济从零开始发展；2016年巴吉村的6户16名贫困村民全部实现脱贫，每人每年能享受四五万元集体分红；2019年，随着集体经济发展壮大，巴吉村集体收入达1200余万元，村民人均纯收入达3.4万元，每家分红都在10万元以上。如今，走进巴吉村，漫步水泥路，嗅闻瓜果香，藏式民居的一砖一瓦，将巴吉的富裕与新生展现在世人面前。巴吉已经成为林芝精准脱贫一张耀眼的名片，短短几年从默默无闻成为名副其实的"明星村"。这背后又有什么力量引领和助推村级集体经济实现长效发展？

（一）加强基层组织建设

近年来，巴吉村党支部以"兴村富民"为目标，以壮大村集体经济和增加农民收入为总抓手，带领全村广大党员干部群众，充分发挥党组织的战斗堡垒作用和党员的先锋模范带头作用，不断加强基层组织建设。

一是健全组织，拓展服务功能。巴吉村在各级党委的正确领导下，不断建立健全基层组织，目前已经成立了村党支部、村委会、村妇代会、村公共卫生委员会、村调解委员会、村团支部、村治保委员会以及村务监督委员会八大村级组织机构。同时，在"双联户"的基础上建立8个党小组，各个组织承担不同的工作职能，职责清晰，相关人员全部由党员担任。村级组织的健全为巴吉村社会稳定、经济发展提供了坚实的组织保障。

二是建强班子，提升履职能力。农村要致富，关键看支部。巴吉村党支部把村"两委"班子自身建设作为重头戏来抓，全面实施"万名村干部文化素质提升工程"，建立完善村干部年度目标任务清单，并通过组织村"两委"干部进行能力素质提升培训，赴成都、重庆等发达地区观摩学习，全面加强村"两委"干部履职能力。同时，坚持每个月对村干部进行考核，每半年对村"两委"班子进行综合分析研判，对存在不同问题的班子成员进行批评教育，使村级组织战斗力、凝聚力和号召力不断提升，基层政权更加巩固。

三是带好队伍，树立模范榜样。巴吉村党支部高度重视党员党性教育和能力培育，结合"两学一做"学习教育，扎实开展党的十九大精神、党章党规、习近平总书记系列重要讲话精神的学习。同时，在日常生活中组织以党员、"双联户"户长为主的维稳巡逻组、卫生巡逻组、森防巡逻组等，发挥党员模范带头作用。2018年以来，驻村工作队积极参加巴宜区组织的精准扶贫培训工作，并将培训内容及时传达至驻村工作队及村"两委"，邀请新区派出所民警进行法律宣传，结合党员管理实际需求，完善党员设岗定责、依岗承诺和帮扶结对等制度。特别是在脱贫攻坚工作中，全村党员与贫困户结成 16 个帮扶对子，主动投身精准扶贫工作，以身作则、率先垂范，彰显了党性，赢得了民心。

四是参政议事，保障村民权利。农村基层民主政治建设是民主政治建设的基石，伴随着经济快速发展，巴吉村的村民议事原则由简单的村规民约逐渐转变为共同协商、民主决策。在决定村级各项重大事务和与农牧民群众切身利益相关的事项时，始终坚持"四议两公开"的原则，增强了议事决策的科学性和透明度，让农牧民群众真正享有知情权、参与权、管理权和监督权。

（二）建立健全扶贫体制机制

一是成立扶贫领导小组，全力推进精准扶贫。为有组织、有计划地做好扶贫工作，成立巴吉村扶贫领导小组，由村支部书记和村主任任组长、驻村工作队队长任副组长、村"两委"与驻村工作队队员为成员。通过进村入户，调查村情，听取民意，摸清家底，掌握第一手资料，并与镇村干部、党员代表共商帮扶发展大计，经过调研和广泛征求意见，制订巴吉村扶贫工作计划。通过了解贫困状况，分析致贫原因，摸清帮扶需求，确定巴吉村需要帮扶的贫困户有 6 户 16 人，对这 6 户进行了认真调查核实建档，并及时将扶贫信息进行公示，确保了扶贫信息的真实性和透明度。

二是驻村工作人员和帮扶责任人同帮扶对象建立长效的沟通联系机制。开展走访调查活动，及时了解贫困群众的生产、生活情况，制订"一对一"帮扶计划，重点解决精准性问题和攻坚克难问题，制定问题、任务、责任清单，切实把职责履行好，把精准扶贫工作落实好。

三是做好宣传工作，发挥群众主动参与的积极性。通过做好政策宣讲，让群众全面、准确地了解扶贫政策，有利于下一步工作的开展。方法上主要是通过进村入户宣讲、逐户走访等形式，确保宣传引导到位，让群众做政策的"明白人"和致富的"主人公"。同时，注意充分运用新闻媒体、网络等多种载体，重点宣传国家扶贫政策和模范人物事迹，引导干部群众树立正确的扶贫观念。

四是加强村务公开，特别是扶贫领域的资金、项目公开，接受村民监督。村"两委"及村务监督委员将重大事项、国家下发的惠民资金以及村集体的财务收支情况定期在公开栏上进行公开，以及将党员党费缴纳情况进行公示，让群众知道村集体收入的来源、支出、存款余额等，增强群众对村"两委"的信任感，接受群众监督，增强工作透明度。

（三）脱贫不脱政策帮扶

从国家层面来看，专项扶贫资金向深度贫困地区倾斜。财政部下达 2020 年中央财政专项扶贫资金 260.27 亿元，此前已提前下达 1136.09 亿元。资金分配重点向"三区三州"等贫困人口多、贫困发生率高、脱贫难度大的深度贫困地区以及挂牌督战地区倾斜。[①]"三区三州"所在省份要按照不低于 2017 年的资金规模标准，保障"三区三州"投入力度；其他省份也要统筹安排资金，加大对深度贫困地区脱贫攻坚的支持力度。《中国农村扶贫开发纲要（2011 — 2020 年）》明确规定，继续完善国家扶贫贴息贷款政策。积极推动贫困地区金融产品和服务方式创新，鼓励开展小额信用贷款，努力满足扶贫对象发展生产的资金需求。国家对民族地区、边疆地区的反贫困工作一直高度重视，在财政上不断加大支持力度。近年来中央财政又多渠道增加扶贫开发投入，逐步构建了较为健全的财政综合扶贫政策体系。

2016 年，巴吉村的 6 户 16 名贫困村民全部实现脱贫，为巩固脱贫成果，巴宜区八一镇持续加强产业帮扶，做到脱贫不脱钩、脱贫不脱政策、脱贫不脱帮扶，确保贫困户稳定增收不返贫。2020 年，巴宜区八一镇仍然把产业扶贫，尤其是促进村集体扶贫项目落地生根作为扶贫工作的重头戏。为解决困扰村级集体经济发展的"人、财、物"问题，通过财税、金融支持等一揽子帮扶政策助推村级集体经济发展。

巴吉村在运输队发展之初就积极利用贷款支持政策，很多村民从中国农业银行西藏分行贷款，钻石卡贷款额度达 10 万 ~20 万元，购买了大量的挖掘机、装载机和翻斗车，快速致富。在兴建巴吉物流产业园区时，也有 30% 的

---

① 申铖：《财政部累计下达 2020 年中央财政专项扶贫资金 1396.36 亿元》，新华网，2020 年 3 月 31 日。

资金（7000 多万元）从银行贷款，用好用足了扶贫贷款等政策工具，推动了金融支持与当地村集体经济产业相结合，精准助推巴吉村重点发展项目快速上马。

同时，东西部扶贫协作和就业扶贫政策也发挥了重要作用。20 多年来，福建省全面开展对口支援西藏林芝地区工作，有力支持了西藏经济社会发展，巩固、发展社会主义新型民族关系，实现了各民族共同繁荣。汉藏和睦、守望相助，巴吉村的变化背后是党中央的关怀与厚爱，是有关部门的大力支持和援藏工作的有力推动，是民族一家亲的生动写照。

（四）保障和改善民生是根本

巴吉村坚持以人民为中心的发展思想，切实提高农民收入，针对性解决教育、就业、医疗、住房、社会保障等民生问题，群众生活显著改善，百姓福祉持续增进。

一是教育事业不断发展。近年来，巴吉村党支部始终把教育工作放在优先发展的位置来抓，扎实做好各项工作。全村现有学生 87 名，其中小学生 44 名、初中生 24 名、高中生 10 名、大学生 9 名。由于村里没有完小和教学点，村里的中小学生在乡镇所在地或县城上学，享受国家义务教育政策和"三包"政策。目前全村小学适龄儿童入学率为 100%，巩固率为 100%，小学六年级升学率达到 100%。在抓好基础教育的同时，加大农村实用技术培训力度，巩固扫盲成果。

二是医疗卫生服务体系不断健全。设置了村卫生室，两名专职医师定期开展体检就诊，配齐了 64 种常用药物，体检设备、输液设备齐全，让村民日常体检、小病治疗不出村。扎实有序开展新型农村合作医疗保险宣传，村民卫生意识进一步增强，全村参保率达到 100%，艾滋病防治知识宣传面达 100%，产前检查覆盖率达 100%，孕产妇住院分娩率达到 100%，无孕产妇和新生儿死亡，全村卫生水平明显提高。

三是就业扶贫措施不断完善。依托贫困户的信息网络系统，逐村逐户对全村建档立卡有劳动能力贫困人员的培训意愿开展调查摸底，收集劳动力就业、创业意向及培训愿望等信息。利用巴宜区给每名具有劳动能力贫困群众提供生态岗位的政策，积极引导有劳动能力的贫困群众参与森林防护、村内卫生等生态环境保护与建设。巴吉村还利用远程教育、技术讲座、科普推广等形式，广泛开展技能培训。2016 年，村内举办农业技术讲座 5 次。

第四节 公众村、章麦村、巴吉村脱贫绩效比较

习近平总书记指出，精准扶贫，就是要对扶贫对象实行精细化管理，对扶贫资源实行精确化配置，对扶贫对象实行精准化扶持，确保扶贫资源真正用到扶贫对象上、真

正用在贫困地区。① 公众村、章麦村、巴吉村脱贫攻坚工作坚持实事求是，因地制宜、因村因人施策，做到了精准扶贫、精准脱贫。由于三个村庄的村情、建档立卡户致贫原因不同，建档立卡户帮扶政策、脱贫绩效、巩固脱贫成效具有一些共性特征，同时也各具特色。

一 村情比较

比较公众村、章麦村、巴吉村的自然地理情况发现，巴吉村距离林芝市最近，公众村次之，章麦村最远；巴吉村耕地最多，公众村次之，章麦村最少；巴吉村人均耕地面积最多，章麦村次之，公众村人均耕地面积最少。区位交通、自然地理、资源条件等因素影响各村农业生产，影响经济和社会事业发展，进而影响村民的收入结构及收入水平。公众村、章麦村、巴吉村自然地理情况比较见表 5-3。

表 5-3　公众村、章麦村、巴吉村自然地理情况比较

贫困村	与林芝市距离（千米）	耕地面积（亩）	人均耕地面积（亩）
公众村	5	597	3.19
章麦村	7	504	3.71
巴吉村	3	863	6.69

---

① 中共中央党史和文献研究院编《习近平扶贫论述摘编》，中央文献出版社，2018，第 58 页。

比较公众村、章麦村、巴吉村的人口情况发现，公众村总户数、总人口数最少，劳动力人口占比最高，建档立卡贫困人口数最多，建档立卡贫困人口占比最大，脱贫攻坚难度最大。章麦村、巴吉村总户数、总人口数、劳动力人口数相近，建档立卡贫困户占比相近，脱贫压力相对小一些。公众村、章麦村、巴吉村人口情况比较见表5-4。

表5-4 公众村、章麦村、巴吉村人口情况比较

贫困村	总户数（户）	总人口数（人）	劳动力人口数（人）	劳动力人口占比（%）	建档立卡贫困户数（户）	建档立卡贫困人口数（人）	建档立卡贫困户占比（%）	建档立卡贫困人口占比（%）
公众村	65	287	187	65.2	9	24	13.8	8.4
章麦村	113	441	136	30.8	9	15	8.0	3.4
巴吉村	98	489	129	26.4	6	16	6.1	3.3
合计	276	1217	452	37.1	24	55	8.7	4.5

剔除低保户、五保户，对于公众村、章麦村、巴吉村的13户一般贫困户而言，缺劳动力是最主要的致贫原因，缺劳动力的有6户；缺资金、缺技术的也是致贫的重要原因，缺资金、缺技术的有5户；生病、身体残疾、上学也是致贫原因。公众村、章麦村、巴吉村一般贫困户致贫原因比较见表5-5。

表5-5　公众村、章麦村、巴吉村一般贫困户致贫原因

单位：户

贫困村	缺劳动力	缺资金、缺技术	生病	身体残疾	上学
公众村	2	1	0	0	0
章麦村	2	4	1	3	2
巴吉村	2	0	2	0	0
合计	6	5	3	3	2

注：本题为多选题。

二　帮扶措施比较

准确掌握贫困户的家庭情况和脱贫能力，是因人施策、精准帮扶的前提和基础。公众村、章麦村、巴吉村建档立卡贫困户的精准扶贫措施包括生活帮扶、公益岗位扶贫、医疗扶贫、产业扶贫（产业扶贫入股、藏香猪养殖）、异地搬迁扶贫、助学扶贫、社保兜底等。总体来看，帮扶措施排在前三位的是社保兜底、产业扶贫和公益岗位扶贫。比较发现，公众村贫困户帮扶措施相对单一，章麦村贫困户帮扶措施相对多样，巴吉村贫困户帮扶措施最为丰富。公众村、章麦村、巴吉村贫困户帮扶措施比较见表5-6。

表5-6　公众村、章麦村、巴吉村贫困户帮扶措施

单位：户

贫困村	产业扶贫	公益岗位扶贫	异地搬迁扶贫	医疗扶贫	助学扶贫	生活帮扶	社保兜底
公众村	3	3	1	0	3	0	6
章麦村	5	5	0	2	2	2	3
巴吉村	3	3	1	2	2	2	3
合计	11	11	2	4	8	4	12

三 脱贫成效比较

截至 2016 年底，在各级党委、政府，社会各界和贫困户的共同努力下，公众村、章麦村、巴吉村贫困人口如期脱贫，贫困村如期摘帽。贫困人口实现了"两不愁三保障"，[①] 享有稳定的吃、穿、住、行、学、医、养保障，享有和谐的安居乐业环境，享有均衡的基本公共服务，享有较为完善的社会保障体系，享有较高的获得感和幸福指数。调查问卷显示，三个村庄建档立卡贫困户对脱贫措施、脱贫结果、脱贫程度均非常满意。在与村"两委"班子座谈过程中发现，村"两委"干部对中央精准扶贫精准脱贫的政策非常满意。

（一）脱贫户住房满意度比较 *

通过比较发现，公众村、章麦村、巴吉村脱贫户的住房满意度较高，其中巴吉村脱贫户的住房满意度最高（非常满意和比较满意的占 100%），公众村次之（非常满意和比较满意的占 90%），章麦村最低（非常满意和比较满意的占 60%）。但也存在一定的差异性，公众村一般满意的占 8%，不太满意的占 2%，章麦村一般满意的占 40%，说明改善脱贫户住房条件还需要继续努力（见图 5-1）。

---

① "两不愁"是指稳定实现农村贫困人口不愁吃、不愁穿；"三保障"是指保障其义务教育、基本医疗和住房安全。

* 本小节的比较基于公众村、章麦村、巴吉村调查问卷的数据。

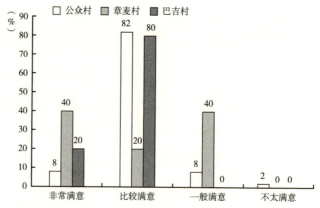

图 5-1　公众村、章麦村、巴吉村脱贫户住房满意度情况

（二）脱贫户与本村多数人的生活水平比较

公众村、章麦村、巴吉村脱贫户普遍感觉生活水平不如本村多数人高。公众村脱贫户认为和本村多数人相比差很多的占 33%，巴吉村脱贫户认为和本村多数人相比差很多的占 50%，章麦村脱贫户认为和本村多数人相比差很多的占 60%，说明三个村庄缩小脱贫户与非贫困户的差距还需要下很大的功夫（见图 5-2）。

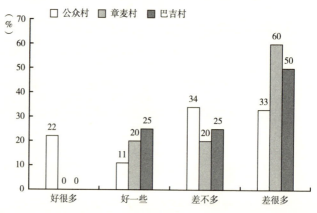

图 5-2　公众村、章麦村、巴吉村调研户与多数人生活水平相比感受

（三）脱贫户对目前生活状况满意度比较

通过比较发现，公众村、章麦村、巴吉村脱贫户对目前生活状况满意度总体比较高，其中巴吉村最高（非常满意和比较满意的占 100%），章麦村次之（非常满意和比较满意的占 50%），公众村最低（非常满意和比较满意的占45%）。但各村之间也存在差异，其中公众村不太满意的占 33%，很不满意的占 11%；章麦村一般满意的占 50%，说明脱贫户对目前生活状况的满意度参差不齐，需要在后续工作中加强甄别，对生活状况满意度较低的贫困户要进一步提升其生活质量（见图 5-3）。

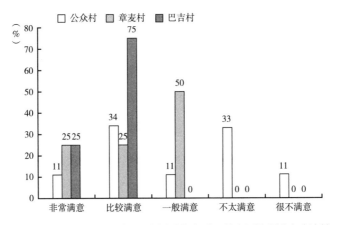

图 5-3 公众村、章麦村、巴吉村脱贫户对目前生活状况满意度比较

（四）脱贫户对未来生活的预期比较

通过比较发现，公众村、章麦村、巴吉村脱贫户对未来生活的预期总体比较乐观，巴吉村、章麦村认为好很多和好一些的均达 100%，公众村认为好很多和好一些的占67%。但三个村也存在极大差异，其中公众村认为差不多

的占 22%，不好说的占 11%。说明公众村在增强脱贫户的生活信心、持续稳定增收致富方面还有很多工作要做（见图 5-4）。

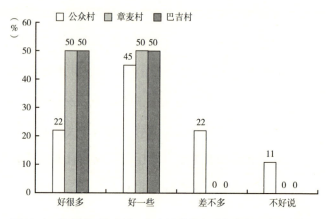

图 5-4　公众村、章麦村、巴吉村脱贫户对未来生活的预期比较

通过比较发现，公众村、章麦村、巴吉村脱贫户对于目前生活状况以及未来的生活预期总体趋同，但是也存在较大的差异，需要在巩固脱贫成效时认真分析研判，有针对性地研究解决。

四　扶贫模式比较

（一）脱贫攻坚实践的共同点

比较公众村、章麦村、巴吉村精准扶贫精准脱贫的实践，不难发现，三个村庄均非常重视基层党建工作，通过发挥基层党组织的战斗堡垒作用，调动建档立卡贫困户的积极性、主动性，切实激发建档立卡贫困户脱贫致富的内生动力；均把产业就业扶贫作为稳定脱贫的必由之路和根本之策，坚持"一户一策、一人一策"，紧盯建档立卡贫困人口，准确把握贫困群众的致贫因素、贫困程度、劳动能力、就业技能等，对有劳动能力的大力实施产业就业扶贫，有计划地发展壮大村集体经济，形成带动贫困群众增收的持续动力；均对丧失劳动能力的贫困户落实社会保障制度，确保贫困群众病有所医、残有所助、生活有兜底，编密织牢社会保障社会救助托底安全网。

（1）配强村"两委"班子，充分发挥基层党组织的核心作用，形成了脱贫攻坚的组织体系。火车跑得快，全靠车头带。基层党支部是党在基层全部战斗力的基础。坚强有力的村党支部是开展精准扶贫精准脱贫工作的基础。从上级政策传达宣传、贯彻落实，到与党员群众的沟通协调、教育说服，都需要基层党组织充分发挥作用。公众村、章麦村、巴吉村党支部班子健全、战斗力强，在精准扶贫精准脱贫工作中发挥了核心作用。村党支部成员定期对精准扶贫户开展走访慰问、卫生清扫等活动，发挥了模范带头作用。

（2）大力实施产业扶贫，充分发挥村集体经济的基础作用，形成了脱贫攻坚的支撑体系。发展是硬道理。从公众村、章麦村、巴吉村的脱贫实践来看，非因重病、残疾致贫，且具有劳动能力的一般贫困户一般具有发展意愿，只是缺资金、缺技术。发展村集体产业，增强村集体"造血"能力，实施产业扶贫是脱贫攻坚的关键。通过壮大村集体产业，为贫困户提供帮扶岗位，能养猪的，让其养猪；

能发展林下经济的，动员其发展林下经济；能种植果树的，帮其联系经济林苗木；能打工的，帮其联系合作社和企业，动员其打工；有打工意愿又苦于没有技能的，组织其参加培训与就业转移，扩宽就业渠道，为贫困户脱贫、持续增收发挥了关键的支撑作用。

（3）深入开展驻村帮扶，充分发挥驻村工作队的带动作用，形成了脱贫攻坚的保障体系。公众村、章麦村、巴吉村一批批驻工作队和村"两委"精诚团结，通力合作，大力发展旅游业和民族手工艺品制造业，大力发展特色种植养殖业，打造"民俗第一村"品牌，努力打造社会主义新农村建设示范村。

（4）加强教育培训，充分发挥贫困户脱贫的主观能动性，形成了脱贫攻坚的动力体系。脱贫攻坚首先要让贫困户从思想上脱贫。公众村、章麦村、巴吉村引导建档立卡精准扶贫户树立不等不靠不要的思想，通过"政策扶持＋自身努力"，努力实现精准脱贫的目标。积极与上级扶贫、人社等部门沟通联系，加强各类技能中长期培训，扩大就业渠道，提高就业率。积极引导有劳动能力的贫困群众参与森林防护、村内卫生等生态环境保护与建设，通过劳务转移就业增加现金收入，鼓足他们自我发展的干劲。对于未达到贫困标准未纳入精准扶贫帮扶的相对困难户，做好深入细致的思想工作，防止他们出现思想波动和不满情绪，同时给予适当的关心支持，帮助他们增加致富门路，防止成为新的贫困户。

（5）进行跟踪帮扶，扶上马送一程，形成了巩固脱贫成效的长效机制。为确保脱贫成效，公众村、章麦村、巴吉村继续对脱贫户进行跟踪帮扶，了解其思想动态、经济收入、家庭情况等，准确掌握他们在生产、生活中遇到的各种困难，切实帮助解决后顾之忧，确保政策实施到位，政策落到实处。党员干部发挥好示范带动作用，用自己的行动去影响和带动贫困群众巩固脱贫成效，大力宣传脱贫攻坚工作中涌现的先进典型，主动总结提炼推介其中的好经验、好做法、好典型，为脱贫致富营造良好的舆论氛围。

（二）脱贫攻坚实践的差异化特点

（1）公众村的产业扶贫采取"合作社＋农户"的方式，依托工布阿吉林经济发展农牧民专业合作社、工布圣香农牧民专业合作社，大力发展藏香加工、乡村旅游等特色产业，建档立卡户通过产业入股实现发展生产脱贫。通过打造民俗旅游村，发展村级集体经济，增强村集体"造血"能力，加强基础设施建设，发挥驻村工作队、社会组织的作用，引导贫困户彻底转变思想观念，激发内生动力，实现整村稳定脱贫，探索出了一条"党支部跟着扶贫走、贫困户跟着支部走"的脱贫路径。

（2）章麦村立足幸福生活要靠自己劳动创造的扶贫思路，充分利用各种惠民政策，强化扶贫"造血"功能，引导居民自主创业发展，在本地区率先实现了整村脱贫。通过结对帮扶政策，为贫困户制定帮扶措施，帮助贫困户明确了脱贫致富方向；通过基建扶持政策，积极开展新农村建设，提高了贫困户生活水平；通过产业扶持政策，落实强农惠农补贴，推动了藏香猪、犏奶牛养殖产业发展；通过就业扶持政策，加强就业能力培训，帮助部分贫困户获得了自主创业能力；通过公益性岗位扶持政策，安排生态岗位，实现了贫困户就业脱贫。章麦村克服集体经济薄弱、基础设施建设落后等困难，立足自身实际，蹚出了一条政策扶持与自身创业相结合的"造血"型扶贫之路。

（3）巴吉村牢记习近平总书记"坚持因地制宜，广开致富门路，千方百计帮助群众增加收入，让老百姓的日子越过越甜"的嘱托，在农村改革和发展的过程中不断解放思想，打破旧有思维桎梏，紧抓市场机遇，通过政策扶持、招商引资、入股分红等，积极探索集体经济发展的多种模式，最终实现弯道超车，走上了脱贫致富的高速路。2019 年，村集体收入达 1200 余万元，村民人均纯收入达3.4 万元，村民变股东，家家能分红，真正实现了"共同富裕的路上一个也不掉队"，为中国乡村振兴提供了可复制、可推广的经验。

第六章

公众村、章麦村、巴吉村精准扶贫
实践思考

习近平总书记指出，要解决好扶持谁、谁来扶、怎么扶、如何退的问题，不搞大水漫灌、不搞手榴弹炸跳蚤，因村因户因人施策，对症下药、精准滴灌、靶向治疗，扶贫扶到点上扶到根上。[①] 通过走访调研发现，公众村、章麦村、巴吉村坚持走精准扶贫道路，以消除贫困人口为靶向，短短时间内扶贫工作就取得了很大的成绩，圆满完成了整体脱贫任务，也积累了丰富的精准扶贫经验，对于西藏农林地区扶贫开发具有一定的借鉴意义。但与此同时仍然存在一些问题尚未解决，需要在巩固提升脱贫成效工作中加以改进。

---

① 中共中央党史和文献研究院编《习近平扶贫论述摘编》，中央文献出版社，2018，第83页。

第一节　公众村、章麦村、巴吉村脱贫攻坚面临的困难和问题

公众村、章麦村、巴吉村扶贫开发中仍存在一些薄弱环节，导致有的农户持续增收难度大，制约农户生活水平提高，贫困户新增和脱贫户返贫的风险依然存在。

一　村集体经济发展相对单一

藏香猪、犏奶牛养殖和水果种植是公众村特色产业，但是目前产业开发程度不高，农村合作社数量少，引领示范作用有限，联产联收、统购统销等农民合作渠道不太畅通。章麦村集体经济薄弱，没有大型集体企业，集体土地分散外包，土地集中流转困难，大面积集中连片效应发挥不足，村内大项目、主导产业、龙头产业偏少，已有的产业开发项目拉动作用不大，增收效应不明显。村民收入中相当一部分为公益林补贴和草奖，这类收入为补贴性质，不具备增长潜力。其他收入中，林地耕地外包收入多为分散外包，未能发挥集群效应。外出务工人员多为就近打零工，收入来源并不稳定。开挖机、跑运输是村民在外收入的一项重要来源，主要服务对象为周边镇村项目建设，但这些项目建成后，如何实现稳定收入也是一个问题。巴吉村集体经济发展资金主要来自土地补偿、政府扶持和银行借贷，吸纳社会力量不足。同时致富渠道较为单一，集中

在物流、建材等行业，一、二、三产业尚未互动融合形成合力，缺乏电商平台展示。

二 旅游开发潜能尚未充分开发

公众村旅游资源丰富，但是开发程度不够，尚未产生规模效应。章麦村周边旅游资源丰富，适宜发展旅游产业，但由于上山距离较远，需要大量资金投入，目前产业发展只局限于几处农家乐，无法发挥带动作用。巴吉村有丰富的旅游资源，尤其是玉米自然村紧贴大柏树旅游景区，具有得天独厚的自然优势。美丽的措木及日湖也位于巴吉村和玉米村境内，但由于开发较为滞后，缺乏深耕细作，旅游的文化性和经济性并未完全显现，没有发展成为当地的支柱产业。

三 水电卫等基础设施条件相对薄弱

供水方面，公众村、章麦村、巴吉村虽然实现了自来水管道入户，但是水源主要为山川融水和高山湖泊，距离较远，缺乏管理保护，经常发生树枝杂物堵塞管道影响自来水供应的情况，遇到干旱季节，水源不稳定也会导致自来水供应不畅的问题。部分农户不得不自备水井或者收集雨水至水窖。电力方面，水利资源丰富，但开发利用还不够，通过建设水电站支持发展的力度还不够，2016年多次发生停电。随着老百姓生活水平逐步提高，电冰箱、洗衣机、空调等中高档家用电器已普遍进入普通家庭，需要更多的电力资源。卫生设施方面，章麦村附近建有一座生活垃圾卫生填埋场，距离生活区较近。一方面，影响了村庄整体形象，不利于章麦村旅游开发等工作的开展，另一方面，在炎热的季节，填埋场容易产生异味，滋生病菌，污染水源，不利于村民的身体健康。

四 抗风险能力低，因学因灾因病因残导致脱贫难

残疾和生病是村民致贫的主要原因，从实际情况看，由此导致新增贫困人口的隐患仍然存在。一是残疾人口数量较多。如章麦村有残疾人11人，占比较高。二是因病致贫的因素仍然存在。三个村庄地处高原山区，属于高原疾病及包虫病等地区疾病发病区。村民普遍加入了农村新型合作医疗，各村均有卫生室1个、医生2人，医疗条件有了较大的改善。但目前实施的医疗救助政策，政策指向性强，只针对特定的贫困户家庭成员提供医疗救助，一旦非救助成员患病，不能享受相关政策，因病致贫的情况容易发生。三是养老保险覆盖率低。如章麦村有431人，参加社会养老保险的人数只有98人，比例相对较低，保险养老意识在村民尤其是年轻人中并没有普遍树立。

五 贫困户整体素质偏低

村民文化水平相对较低，信息接收渠道狭窄，接受

新知识、新技术的能力较差，脱贫主动性不强。一是贫困户思想认识上的局限性。虽然贫困户在主观上有摆脱贫困的意愿，但贫困户在思想认识、知识水平、信息获取、参与能力、经营能力等方面存在先天不足，对特色产业的认识存在一定的局限性。部分贫困户脱贫致富的自主性较低，只能按照制订的脱贫计划开展脱贫致富工作，存在依赖救济现象，有返贫的可能性。二是贫困户在对帮扶项目的态度、认可程度等方面存在一定的偏差，导致扶贫措施难以达到理想效果，帮扶人员的积极主动与贫困户的被动麻木形成了鲜明反差。三是贫困户脱贫致富能力上的局限性。贫困户致富能力的提升是一个漫长的过程，贫困户致富能力提升受多种因素制约，有赖于贫困户综合素质的提升，基层扶贫力量的充实，扶贫项目的持续发展等。这是一个需要长期跟踪研究的课题。

六 党组织建设有待加强，党员带头致富的作用发挥不够

驻村工作队由于语言障碍，许多工作开展得不够通畅，在一定程度上影响了扶贫工作的效率。村"两委"由于文化水平相对不高，在工作中存在依赖驻村工作队的思想，在扶贫工作中主动承担工作任务的积极性还不够高。党员文化素质相对较低，对脱贫致富的相关知识了解少或不了解，不能带领贫困村民一同开展脱贫致富工作。章麦

村农民合作社多数为村干部以外的农户领办，党员干部带头致富的先锋模范作用发挥不够。

第二节　公众村、章麦村、巴吉村巩固脱贫成效的对策建议

习近平总书记指出，巩固脱贫成效，实现脱贫效果的可持续性，是打好脱贫攻坚战必须正视和解决好的重要问题。[1] 防止返贫和继续攻坚同样重要，已经摘帽的贫困县、贫困户，要继续巩固，增强"造血"功能，建立健全稳定脱贫长效机制，坚决制止扶贫工作中的形式主义。[2] 总的来看，公众村、章麦村、巴吉村精准扶贫工作基础良好，措施有力，效果显著。如何稳固既有成果，扩大全体村民收入来源，确保脱贫户不返贫，贫困户不新增，是下一步扶贫工作的重中之重。

一　巩固脱贫成果，建立防范脱贫户返贫的跟踪、考核机制

习近平总书记指出，对退出的贫困县、贫困村、贫困

---

[1]　中共中央党史和文献研究院编《习近平扶贫论述摘编》，中央文献出版社，2018，第83页。

[2]　中共中央党史和文献研究院编《习近平扶贫论述摘编》，中央文献出版社，2018，第77页。

人口，要保持现有帮扶政策总体稳定，扶上马送一程。可以考虑设个过渡期，过渡期内，要严格落实摘帽不摘责任、摘帽不摘政策、摘帽不摘帮扶、摘帽不摘监管的要求，主要政策措施不能急刹车，驻村工作队不能撤。[①]

一是加强对脱贫户的跟踪服务。根据脱贫不脱政策的要求，村"两委"、驻村工作队、帮扶结对单位要继续履行扶贫责任，经常到脱贫户家中走访座谈，掌握脱贫户的发展近况，了解脱贫户在生产生活中的新需求，掌握他们在生产生活中遇到的新困难，及时提供医疗、教育、培训、养老等基本生产生活服务，确保他们在脱贫之后，形成持续自我"造血"的功能，获得稳定的生产生活收益，确保脱贫户筑牢坚实的脱贫基础，避免出现随时返贫的情况。

二是建立防范返贫工作长效考核机制。强化考核监督是检验扶贫效果好不好、成绩实不实的重要抓手。要建立严格的制度和考核机制，细化考核评价指标，突出目标和结果导向，以脱贫取得的实际成效和百姓获得感为衡量标准，推动现有扶贫措施加快"落地生根"。对一些矛盾和问题多、易返贫的扶贫领域，要强化一把手责任，倒逼责任落实，抓实重点任务，突破薄弱环节，针对扶贫工作突出问题意识，签订责任书，列入年度绩效考核目标。

---

① 习近平：《在决战决胜脱贫攻坚座谈会上的讲话》，《人民日报》2020年3月7日，第2版。

二 发挥驻村工作队的带动作用，加强村"两委"班子建设，夯实精准脱贫的组织基础

要加强对党的最新扶贫理论、政策的学习，确保村级党组织在思想上同党中央保持高度一致。要积极加强党建扶贫工作研究，学习借鉴其他地区的党建扶贫工作做法，将其融会贯通，形成符合本地实际的发展思路。继续落实党建促脱贫攻坚工作责任制，制定完善"任务清单""责任清单"，落实村"两委"领导责任和驻村工作队工作责任，形成分工负责、齐抓共管工作局面。驻村工作队要加强对当地语言的学习，逐步克服语言不通的困难，更好地开展入户调查工作，为更好地服务群众提供便利。村"两委"要做好与驻村工作队的分工，担负应当承担的工作任务，努力提高自身工作能力。抓好专业合作社党建工作，形成产业扶贫新动力。坚持产业发展到哪里，党组织就组建到哪里，加大农民专业合作社党组织的组建力度，把党在农村的政治优势和专业合作社的经济优势有机结合起来，重点支持和培育党员发展产业、党员帮扶贫困户发展产业，增强农民自力更生能力。

三 强化帮扶措施，巩固和完善扶贫协作长效机制

脱贫攻坚单靠某一方单打独斗是行不通的，需要报团取暖、多方协助，调动全社会参与脱贫攻坚的积极性，加大东西部扶贫协作工作力度，推进企业定点帮扶和党政机

关定点扶贫，实现政府、市场、社会互动和行业扶贫、专项扶贫、社会扶贫联动，凝聚社会各方面力量合力攻坚。

一是继续保持和深化与东部富裕地区精准对接机制。目前在全国范围，东部有267个发达县市区与西部406个贫困县结对子，占西部678个贫困县的71%。具体到八一镇，就是要巩固闽藏、粤藏对口协作，继续通过深化结对帮扶、招商引资、科技合作和人才引进，形成全社会、多渠道援藏合力，深化共同发展。在当前县与县对接基础上，继续探索乡镇、行政村之间结对帮扶，形成多层次的扶贫支援格局。

二是整合资源，不断开发精准扶贫公益救助的社会扶贫机制。近年来，社会力量逐渐成长为扶贫开发的重要主体，越来越多的社会组织和爱心人士到西藏地区开展捐资助学、医疗救助、支医支教、社会工作和志愿服务等扶贫活动，对精准扶贫精准脱贫事业做出了积极贡献。但是社会扶贫的质量和水平有待进一步提升，资源有待进一步整合。下一步，要在政策、管理、资金、项目、队伍、对象、宣传等方面综合治理，全面推进社会扶贫体制机制创新，鼓励和吸引更多非公企业、社会组织和社会各界到贫困地区投资创业，实施对接一批社会扶贫项目、改善贫困地区基础设施建设、促成企业与贫困户结对以及"五个一批"工程。注意发挥民主党派、工商联等社会团体的作用，深入推进"扶贫志愿者行动""春蕾行动""贫困儿童营养改善项目"等公益活动，将更多的资金和技术引进来，凝聚社会帮扶力量，形成攻坚合力。

四　继续加强基础设施建设，打牢扶贫工作的硬件基础

基础设施建设是贫困地区民生保障和产业发展的基础，是脱贫攻坚首先要解决的问题。与全国平均水平相比，西藏农林地区的水、路、电、讯、房、灶、厕等基础设施建设相对滞后，需要积极争取项目支持，加强基础设施建设，尤其是解决水电卫等重点难点问题。

一是逐步改善饮用水条件。加强饮用水源地的管理，确保水源清洁、水渠畅通，保障用水安全。结合三个村庄高原湖泊水源充足的实际情况，建设自来水蓄水设施和净化设施，在丰水期储备水源，在枯水期释放水源，发挥调节供水的作用。

二是改善能源基础设施。如利用西藏大学农牧学院在章麦村修建水电站的契机，加强校地用电合作，为章麦村提供充足的电力保障和一定的电价优惠，为章麦村产业发展、居民生活提供必要的能源支持。

三是改善环卫基础设施。环卫基础设施的建设对于现代村庄的发展尤为重要，对于培养村民养成良好的卫生习惯、改善村容村貌、预防和减少疾病发生都有着十分重要的意义。首先要重点做好生活垃圾填埋场的迁移工作。在现有生活垃圾填埋场占地合同到期后，不再续租土地，积极配合有关部门做好生活垃圾填埋场新场建设工作，确保生活垃圾填埋场远离居民区和风景区，为旅游开发顺利进行创造良好条件。

四是持续为生活困难家庭改善居住生活环境。继续利

用危房改造、家电下乡、家具补贴等惠民政策，为困难居民改善居住生活条件提供有力支持，推动居民生活水平不断提高。

五　充分利用政策优势，推动社会事业快速发展

由于基础薄弱、历史欠账等因素，西藏农林地区的教育、卫生、文化等公共服务发展滞后，成为阻碍脱贫进程的短板。对此，必须加大财政、政策、人才投入，全面提升公共服务水平，促进贫困地区基本公共服务体系加速发展。

一是加快发展医疗卫生事业。在深度贫困地区，因病致贫、因病返贫的问题更为突出，贫困群众不仅自身的经济收入低，而且家庭抗风险能力差，一场重疾足以摧毁一个家庭。要想对症下药，拔除穷根，就要开展精准医疗卫生扶贫。要突出针对性，对贫困家庭进行筛查，明确对象，实施针对性重点帮扶，对因病致贫、因病返贫以及患有特殊疾病的村民给予治疗补助。要打好组合拳，采取"医保报销一点、医院减免一点、政府补助一点、患者自付一点"的"四个一点"举措，降低或减免贫困户医药费用个人实际支出。要做到全覆盖，即贫困村标准化卫生室全覆盖、常规体检和疾病筛查全覆盖、健康档案建档全覆盖、医疗专家义务巡诊全覆盖等。

二是提高教育质量。教育部、国务院扶贫办《深度贫困地区教育脱贫攻坚实施方案(2018—2020年)》指出，我国将进一步聚焦深度贫困地区教育扶贫，用3年时间集

中攻坚，实现"三区三州"等深度贫困地区教育总体发展水平显著提升，实现建档立卡贫困人口教育基本公共服务全覆盖。让更多建档立卡贫困学生接受更好更高层次教育，都有机会通过职业教育、高等教育或职业培训实现家庭脱贫，充分发挥教育的反贫困功能。目前，西藏农林地区最突出的教育问题是教育质量不高，表现为基础教育投入不足、学校数量不足、师资投入不足、教育管理水平相对落后、九年义务教育的完成度有待继续提高。要精准推进教育扶贫，一方面要发挥学校积极作用，同时要调动各方面支持参与，加强统筹协调、深化部门合作、推动资源整合。具体来说，通过改善办学条件，改善硬件设施，缩小城乡学校之间差距。要加强队伍建设，不断扩大教师队伍和提升素质。加大贫困学生资助力度，优先对建档立卡的家庭经济困难学生实施国家助免政策。同时关心关爱留守儿童等特殊群体。

六　充分利用本地资源优势，大力发展生态产业

产业兴则经济兴，产业是促进经济发展和贫困群众增收的根本举措和有力支撑。实现"十三五"期间产业扶贫3000万以上农村贫困人口的总目标，就要因地制宜，深入挖掘地方资源，开发特色产业。

一是大力振兴集体经济。充分利用西藏农林地区土地资源丰富的优势，将属于集体的土地集中收回，开展土地资源综合利用，发挥土地资源的最大效益，确保集体收入

有较大的增长。在做大集体产业的基础上，实行全体村民入股分红，确保村民都能够获得稳定的收入。

二是重点发展旅游产业。中央第六次西藏工作座谈会提出要将西藏建设成为重要的"世界旅游目的地"。做大做强旅游产业是一条投资少、见效快、返贫率低的造血式扶贫道路。应发挥旅游业产业链长、关联度强、综合效益高、涵盖服务业众多行业和门类的优势，满足游客不断增长的、多样化多层次的旅游需求。在政策制定和实施中，政策导向要始终秉持因地制宜、因地施策的原则，应给予政策倾斜和支持，帮助打基础、搭台子。在市场定位上，结合旅游资源特点，开发形式多样、特色鲜明、能够带动贫困户广泛参与的旅游扶贫产品，发展一批以民族风情、边境风情等为主题的旅游度假产品，策划一批垂钓、农事体验等参与型旅游娱乐活动，打造丰富多彩的特色文化演艺和节庆活动。要加大招商引资力度，吸引有能力的旅游开发公司前来投资，充分利用觉木山等旅游资源，做好旅游规划和生态保护规划，合理开发山水旅游产业，同时依托旅游产业带动相关产业发展，实现村民集体增收。

三是发展好林果畜牧产业。综合考虑贫困户的劳动资源状况和种养意愿，因地制宜指导贫困户发展优质青稞、无公害蔬菜、中草药、奶牛、藏猪、冷水鱼等高效特色种养业，鼓励支持有条件的贫困户扩大种养规模，加大对持续从事特色种养且效益较好贫困户的政策奖补力度。积极组织农技人员开展结对帮扶贫困户和组织贫困户参加新型职业农民培训，为贫困户发展特色种养业提供技术指导。

整合涉农项目资金用于特色种养业等脱贫攻坚项目，力求做到行业和乡村、专业合作社、龙头企业、家庭农场、贫困户、相关部门的精准对接，切实发挥涉农资金的作用。通过与西藏大学农牧学院合作、培养农民合作社等途径，加大产品开发力度，引导种植养殖产业逐步做大做强。

四是利用好现有土地和项目。利用好储备土地，积极寻找投资商，通过发展商业为村集体增收。发展粤藏联合牧业养殖项目，依托村集体养殖场及周边土地，采取对外出租模式增收。立足区域市场需求，不断推进矿产、建材业迅猛发展并加速绿色转型升级步伐。以巴吉村为例，凭借便利的交通条件和城镇化进程的东风，统筹布局优势产能，加快建设绿色新型建材，并配套建设物流园仓储基地满足林芝市城市化建设的市场需求。下一步，就是加快重大项目建设，培育强势龙头企业，按照更高的标准提升产品质量，推广国内外先进技术，确保发展为强劲的经济增长点。

七 扶志与扶智相结合，激发群众内生脱贫动力

扶贫先扶志，扶贫必扶智。西藏农林地区基本上是社会文化封闭、教育落后的地区，文化教育的落后又造成这些地区发展滞后。当前正是我国深入实施脱贫攻坚的关键时期，要实现从"输血式"扶贫向"造血式"扶贫转变，应进一步聚焦贫困地区文化技能建设，激发"扶志""扶智"力量。

一是帮助贫困群众树立脱贫的志气。贫困群众是脱贫

攻坚的主体力量，只有贫困群众内心转变"等靠要"观念，才能掌握脱贫攻坚的主动权。要改进宣传方式，大力塑造和宣传脱贫先进典型，营造学习标杆、看齐标杆的良好舆论氛围。加强文化扶贫力度，以喜闻乐见的形式，树立"勤劳光荣、懒惰可耻"的思想观念，调动贫困群众人心思进、主动脱贫的积极性。开展村志、村史编纂，通过延续优秀历史文化促进乡风文明，潜移默化改变贫困群众一些不良习俗和落后观念。二是帮助贫困群众掌握脱贫技能。积极为困难群众搭台清障，提高贫困群众脱贫致富的能力，坚定贫困群众脱贫致富的信心，鼓舞斗志，增强其"自我造血"功能。通过技能培训提高贫困群众素质。技能培训是帮助贫困群众脱贫最直接最有效的途径。要积极与农委、畜牧局等单位沟通联系，帮助村民提升种养殖技能，提高生产效率，同时组织贫困群众"走出去"开阔眼界，实地了解先进生产经验。加强宣传扶贫优惠政策，为贫困户办理"以奖代补"、小额贷款等创业政策，确保贫困户应享受的政策均享受，为贫困户创业提供坚实的起步基础。

八 将加强生态建设与扶贫开发紧密联系，开拓生态扶贫道路

《中共中央国务院关于打赢脱贫攻坚战的决定》指出，把生态保护放在优先位置，扶贫开发不能以牺牲生态为代价，探索生态脱贫新路子，让贫困人口从生态建设与修复中得到更多实惠。西藏农林地区生态环境非常脆弱，具有

不稳定性和敏感性等特点，因此，必须结合现行生态保护政策及重大生态工程，将加强生态建设和环境保护与扶贫开发紧密联系起来，提升贫困地区可持续发展能力，以生态扶贫探索精准扶贫新道路。

一是探索建立生态补偿机制。切实加大贫困地区生态保护修复力度，在退耕还林还草、天然林保护、水生态治理等重大生态项目和资金安排上向贫困地区倾斜，实现"生态补偿脱贫一批"的任务，有利于调动贫困地区生态保护积极性，有利于促进社会财富公平分配。生态补偿机制的建立，需要从制度层面统筹设计，要制定对生态产品进行补偿甚至超值补偿的法规、标准和政策，明确或建立相应的落实贫困地区生态补偿的机构，建立标准化的、可统计计算的生态产品价值体系，确保生态补偿款项准确、到位。

二是巩固生态公益岗位扶贫模式。坚持生态保护与民生改善相统一，推动重大项目建设与贫困群众增收致富、转岗就业相结合，提供更多的生态管护岗位并向贫困地区倾斜，按照精准扶贫精准脱贫的要求，让更多有劳动力的贫困人口转移成生态管护人员，提高贫困人口的收入水平。同时，注意开展有针对性的培训，提高工作人员的素质技能和管护水平，让他们切实参与环境保护的队伍，既保护了生态环境，又解决了管护员的收入和农牧民转型问题。值得注意的是，生态扶贫必须始终坚持自然资源保护优先的原则，因此，不论是产业、补偿还是岗位扶贫方式，都要杜绝过度开发的问题，坚持走适度开发的可持续发展道路，建立国家主导、适度市场化运作的生态扶贫模式，发挥试点地区的辐射带动作用。对重大举措、重点项目、扶贫资金加强绩效评估，促进脱贫工作扎实推进。

九 发挥地区产品优势，拓展"互联网+电商扶贫"新思路

西藏农林地区有着丰富多彩的民族文化、品类繁多的特色农牧产品和琳琅满目的手工艺品，但是交通不便、市场发育不成熟、信息闭塞、销售渠道单一等原因，导致很多优质的农牧产品走不出农村，不能为当地群众创收。2014年，国务院扶贫办将"电商扶贫"正式纳入扶贫的政策体系。2015年，电商扶贫被国务院扶贫办列为精准扶贫十大工程之一。公众村"工布圣香"藏香电商品牌等一系列成功实践证明，"互联网+电商扶贫"模式是十分高效的扶贫模式。

一是发挥本地特色优势。西藏农林地区的民族文化旅游、民族手工艺品、藏医药、特色农畜产品加工、高原饮用水等特色产业有着很高的知名度，也是未来西藏电商发展的主要方向，要充分考虑本地特色优势产业、资源禀赋和产业基础，利用当地名优特色产品优势，与实体经济捆绑发展，因地制宜搭建电商交易平台，促进深度融合发展。要支持发展企业电子商务、合作社电子商务、农户网站，打造电子商务示范点，"以点带面"推进民族地区电商经济整体发展。

二是加快配套体系建设。现阶段发展电商首先要处理好基础设施问题、标准化问题以及可持续性保障问题。要以网络基础设施和与之相应的配套设施为前提，加快构建

以网络建设、咨询服务、电子支付、仓储物流、信息技术、金融服务为主要支撑的配套体系，为"互联网+电商"发展提供可施展拳脚的空间。要完善物流网点建设，偏远贫困地区往往交通不便，农村物流成本较高，制约了电商的发展。加快建设包括仓储中心、创业园区、物流配送等在内的农村现代流通体系，将农牧产品多渠道、高效率、低成本地销往市场。要创新金融服务，将电商企业纳入信贷等优惠政策支持范围，推动银行等创新推出"电商贷""掌柜贷"等产品，组织银行等与电商企业开展融资对接，为电商提供资金支持。

三是培育电商专业人才。地方扶贫部门要推进贫困户、返乡农民工、返乡创业青年、其他经济困难人员积极参加培训，帮助当地农牧民熟悉互联网的运用技巧以及电商的运作流程，使其在生产、加工、仓储、包装、物流等方面具备相应的能力、技能和职业素养，尽快上岗就业。强化与大中专院校、行业协会、社会培训机构的合作，大力开办美工、运营等各类电子商务培训班，不断扩大电子商务创业群体，为电子商务快速发展提供专业人才支撑。

四是齐抓共管做好服务。各级政府要提高政务服务水平，出台相关制度文件，扎实推进电商扶贫重点项目，健全省市县电商联席会议机制，加强统筹协调和政策协同。有关部门要进一步健全电商服务支撑体系。尤其是涉及人才、技术、物流、金融、产业等关键领域的相关职能单位，应分工协作、加强配合，创新扶持政策，为电子商务产业发展和应用推广提供强有力的支撑服务。

第三节　公众村、章麦村、巴吉村精准扶贫的借鉴意义

习近平总书记指出，要把精准扶贫精准脱贫要求转化为具体的样本，发挥示范引领作用，让各地受启发、找差距、找方向，做到脱贫工作务实、脱贫过程扎实、脱贫结果真实。条件相似的可以"照猫画虎"来做，条件不同的地方则可以领会精神，得其方法，因地制宜，找到符合自身实际的有效途径。[①] 从公众村、章麦村、巴吉村精准扶贫精准脱贫的实践看，具有一定自然资源和交通便利条件的农林地区，至少有两条可行的精准脱贫路径。一是对有劳动能力的贫困户采取"输血"与"造血"相结合的方式，发展壮大村集体产业，实行产业脱贫。二是对五保户、无劳动力的低保户采取政策兜底的方式进行脱贫。问题的关键是将脱贫攻坚融入中心工作，坚持"一户一策""一村一品""一乡一业"，因村制宜、因户制宜，在发展特色产业扶贫项目、经营方式、扶贫路径上精准发力，探索符合本地实际的精准脱贫的就业增收途径，培育发展壮大村集体产业，形成精准扶贫精准脱贫的工作合力，增强贫困户的自主脱贫致富能力，探索建立"脱真贫、真脱贫、不返贫"的长效机制。

[①]　中共中央党史和文献研究院编《习近平扶贫论述摘编》，中央文献出版社，2018，第77页。

一 资源优势与扶贫产业相结合

（一）发展旅游是西藏农林地区实现快速脱贫的重要途径

独特的气候条件和地质条件，造就了西藏独特的自然景观。地广人稀的现实状况，减少了景观遭受人为破坏的可能性。历史上长期以来相对封闭的政治文化环境，孕育出独具特色的民俗风情。这些优势都为发展旅游业创造了非常有利的条件。发展旅游产业需要从本地最具特色的优势资源出发，充分了解潜在游客人群，从而推出具有吸引力的旅游产品。发展旅游产业必须做好公路、铁路、机场等前期交通设施建设。西藏农林地区多数村庄集体经济并不雄厚，旅游业作为高投入的产业，资金问题是必须解决的突出问题。建议以市县为单位，由政府充分了解各村自然禀赋和发展愿望，统一进行旅游产业规划，加大宣传推介力度，选择有实力的优质旅游投资集团进行合作开发。

（二）畜牧业是带动贫困村、贫困户迅速脱贫的重要措施

西藏农林地区拥有许多独特的畜牧种质资源。这些畜牧资源经过几千年的驯化筛选，基因稳定，具有一定的独特性，容易形成自己的优势，受到市场的青睐。如林芝地区特色牲畜以藏香猪最为著名，藏香猪脂肪含量

很低，皮薄，肉质鲜美，营养丰富，有"人参猪"的美誉。林芝部分村落成立了藏香猪养殖基地，并以此成功带动脱贫致富。此外，林芝地区还存在藏鸡、牦牛、犏奶牛等特色养殖产业。养殖产业特点是对劳动力的要求较小，不需要青壮年劳动力以及大型生产农具。养殖产业对动物防疫以及牲畜排泄物无害化处理方面要求较高，需要专业人员和专业设备提供辅助服务。农户作为小型生产经营单位，市场应对能力相对较弱，在交易中缺少话语权。建议在发展特色养殖产业的路径上，将农户与龙头企业联结起来，推行农户散养与集中驯养相结合的方式，在农户结成养殖业合作社的基础上，在种苗选育、栏圈建设、产品销售等环节实行统购统销，或者以入股分红的模式对养殖户进行利润回馈，确保贫困农户利益得到较为充分的保障。在此基础上，政府统一做好环保、防疫服务，做好产品销售推介，保障产业平稳健康发展。

（三）发展林业经济以及林下经济是脱贫致富的有效手段

西藏农林地区林业资源丰富，有些地区甚至保留有大面积原始森林。受气候影响，与高原森林相伴生的还有种类繁多的菌类、灌木、果类，其中许多具有良好的食用、药用价值，市场前景看好。八一镇林地面积达81036公顷，森林覆盖率达53.66%。森林生产力高，高产林蓄积量每公顷达1000立方米以上。松茸、羊肚菌、灵芝、虫草、雪莲花、贝母等在当地也广泛分布。各村落根据各自实际，发展了相关的特色产业。如：唐地村发展药材种植，种植天麻、藏红花、玛咖、三七，年收入 20 余万元；巴果绕村发展虫草采挖产业，成为村民增收的一项重要来源。这些产业的存在对当地村民脱贫致富发挥了积极的作用。建议在发展林业经济和林下产业的路径上，推行标准化建设，打造统一的特产品牌，并注重深加工产品的开发，同时结合规模化种植，全面提高产业生产效率。在销售方面，积极采用"互联网+"的销售模式，积极扩大品牌销售渠道和影响力。

（四）少数民族传统手工艺产业是带动当地贫困户脱贫致富的重要产业

西藏农林地区是少数民族聚居区。少数民族特有的文化生活方式催生了具有独特文化魅力的特产，各类特色食品、饰品、工具、器皿等，都具有深入挖掘的市场潜力。如：章麦村为工布藏族聚居地，工布藏族在服饰、饮食、器乐、雕塑、绘画等方面独具特色；八一镇制作、销售民族特色手工艺产品的产业多达几十种，其中较为著名的有工布毕秀制作、工布圣香制作、木碗制作等。工布圣香在制作中使用了藏红花、白檀香等四十余种天然药材，受到社会各界的青睐。位于公众村的工布圣香农牧民合作社吸纳贫困户就业，推动了当地脱贫致富。建议在发展民族手工艺产业的时候，充分发挥能人带动作用，让有手工艺制作技艺特长的人牵头成立合作社或者注册公司，吸纳社会闲散劳动力参与产品制作。在产业的发展过程中，尤其要注意做好制作工艺和制作配方的知识产权保护工作，严格控制原料来源和用料标准，树立品牌意识，防止仿造产品以次充好，冲击市场。

二 外在"供血"与内生"造血"相结合

（一）要积极帮助贫困户转变思想观念

西藏农林地区为少数民族聚居区。多数少数民族群众拥有自己的宗教信仰，这些宗教信仰对居民人生价值取向具有非常重要的影响。在推动农户转变思想观念时，需要对此予以充分的尊重和合理的引导。如八一镇居民信仰的宗教有苯教和藏传佛教的格鲁派、宁玛派和噶举派。部分贫困户受到宗教因素的影响，存在重来生、轻今生的思想，在脱贫致富这件事上的主观能动性不强。另外受宗教信仰的影响，贫困户对杀生采取比较谨慎的态度，普遍存在惜杀惜售的问题，影响了畜牧业的发展。另外，一些贫困户对生活改善抱有消极的态度也影响了脱贫工作的开展。特别是一些孤寡老人和残疾人贫困户，他们对自我的评价较低，认为自己未来即使生活质量有所改善，也很难达到与其他村民相提并论的程度。他们往往得过且过，对主动脱贫的信心不足，配合程度不高。需要扶贫工作人员通过各种政策宣传，通过耐心细致的思想工作，逐步使贫困户树立起脱贫的信念。

（二）要逐步促使贫困户树立起主动脱贫的愿望

顶着贫困户的名号，部分村民在内心上会觉得自己与其他村民不同，自尊心较弱，担心会被别人看不起，总觉得矮人一头。扶贫工作人员在与他们进行交流、开展扶贫工作时，必须要注意贫困户的情绪，避免他们以为被看不起，从而对扶贫工作产生误解和反感。有一些村民，身体健康，年龄不大，他们贫困的原因主要是思想上不积极，比较懒惰，依赖性强。有些村民乐于接受救助，却不愿意自己主动创造财富。对于这部分村民，要引导他们树立正确的价值观，逐步使他们懂得自己动手能够过上更好的生活。还有一些村民，由于历史原因，家庭条件基础差，有一定脱贫的主动性，缺少创造财富的物质条件。对于这部分村民，应当积极为他们提供一定的生产生活物质条件，逐步培养和引导他们进行生产生活，逐步建立起脱贫的自信心和物质基础。

（三）接受文化教育是贫困户实现长期脱贫的基本保证

在我国东部发达地区文盲已经很难见到，但由于历史的原因，在西藏农林地区部分村落还有许多文盲、半文盲存在。如章麦村文盲、半文盲达到了 79 人，这个比例是相当高的。发展文化教育，让更多的农户接受教育，提高适龄儿童升学率，是解决贫困问题非常重要的环节，也是阻断贫困代际传递的终极途径。教育精准扶贫工作是贫困儿童享有公平、优质教育的重要保障。巴宜区高度重视教育扶贫工作，出台了许多优惠措施，如教育"三包"政策、考上大学享有多项补助等。2016年，巴宜区共投入资金80.75万元帮扶341名贫困户子女就学。同时，该区还投入4053万元用于改善各类学校软硬件设施，中小学入学率、巩固率均达到了100%，通过素质教育国家验收。在注重学校教育的同时，也要加强其他文化教育，比如兴建农家书屋、农家阅览室等，为农户提供知识学习的场所和书籍，方便他们利用业余时间补充所需知识。

（四）要大力帮助贫困户培养生产技能

部分贫困户有脱贫愿望，但是缺少脱贫的技能，帮助他们掌握一技之长，为他们创造就业创业的技能条件，非常有必要。要有针对性地组织技能培训，在充分了解贫困户技能学习愿望的基础上，由教育、科技、农业、林业等部门相互配合，充分利用各自培训资源，创新培训形式，提供实用性技能培训，确保贫困户学到学得会、用得上的实用本领。在培训的过程中，要充分发挥当地各培训学校、培训中心等机构的作用，利用它们的教学力量和教学经验，增强培训的效果，让群众更容易接受。如林芝市在技能培训中发挥林芝市职业技术学校、各县区职教中心等的平台作用，结合贫困群众的接受能力和特点，结合当地生产特点和群众需求，编写了一些藏文教材、图文资料、操作流程等群众易于接受的"乡土教材"，有力提升了培训效果。另外，在培训的方式上，除了现场教学以外，还可以丰富培训的形式，增加更多与实践相结合的培训，如开展定向培训，让贫困户到相关的企业接受现场实训，边学习边就业，最终达到实现就业脱贫的目的。

三 经济发展与生态保护相结合

（一）在统一的规划蓝图下逐步开展村庄建设是避免建设问题的有效办法

西藏农林地区在新农村建设的过程中，存在规划意识不强、规划标准不高、规划落实不到位等问题，为后期村庄的建设带来负面影响，不利于村庄的可持续发展。如，章麦村在建设过程中，有一户村民在河流旁边开展违规建设，村委会发现后，召开会议进行了专题研究，并连夜对违建进行了拆除，有力维护了规划刚性，也避免了后续违规违建现象的发生。在规划制定过程中，一定要充分征求专业人士的意见，提高规划的专业性，对居住用地、耕地、商业用地等地块性质要规划清晰，确保功能完备。还要预留足够的发展备用地，为未来村庄发展做好充足准备。要坚持科学决策，严格执行程序，及时召开村民大会，确保每位村民的知情权和参与权，确保规划具备可执行性。规划制定后，执行是关键，要坚决制止私搭乱建等现象，确保规划的严格执行，对违反规划的行为进行严肃问责。

（二）要妥善解决好农村生活污染问题

农村生活污染问题不仅影响农村整体形象，还影响产业发展，也制约农村居民整体素质的提高。尤其像农村生活垃圾处理、农村污水处理、农村厕所改造更是被称为农村环境的"三大革命"，重要性不言而喻。在我国有的偏远山区，生活配套设施差，没有边沟建设，没有垃圾收集，厕所蚊蝇滋生，污水横流，严重影响了居民生活质量的提升。在农村污水处理方面，由于建设污水处理设施需要一定的资金保障，而且处理设备需要达到足量才能运转，依靠单个村庄的力量难以实现。建议在统一规划建设村庄污水管网的前提下，以县为单位采用PPP等模式，整体推进乡镇和村庄污水处理设施建设。在农村生活垃圾处理方面，也建议采取镇村联动、统一处理的模式。比如推进农村生活垃圾分类和资源化利用工作，建立"户分类、村收集、镇运输、县处理"的垃圾收运体系，建设完善镇村垃圾中转站，合理配置村镇垃圾收储运设施，从而全面解决农村垃圾处理问题。在农村厕所改建工作方面，建议充分利用国家有关财政政策，结合乡村旅游、扶贫开发等，全面推动村庄公共厕所和农户家用厕所的升级改造。

（三）实施村庄环境整治，改善村容村貌，是打造村庄宜居环境的必要措施

宜居环境不仅仅是外在门面，更是内在底蕴。有一些山区村庄，无人居住的破房子、烂屋茬子随处可见，"破败化""空心化""老龄化"严重，不仅阻碍了农业农村发展，更为基层社会治理埋下了隐患。八一镇始终重视村庄环境治理工作，自2006年起，就开展了"幸福乡村，美

丽家园"建设，辖区内一批村庄从中获益。章麦村项目自2015年启动，2016年竣工，投资1000万元，全村417人受益。章麦村在此基础上还开展了爱国卫生、控烟等行动，村容村貌得到了显著改善。良好的村容村貌，提高了居住舒适度，增强了居民幸福感，也能够带动旅游、餐饮等相关产业的发展。

（四）森林资源保护是西藏农林地区生态保护的重中之重

面积巨大的高山森林甚至原始森林是高原自然生态环境的巨大调节器。高山森林多数树龄较长，一旦破坏，需要较长的修复期才能恢复。森林资源保护要做到有限开采。如八一镇从20世纪30年代开始对森林进行大面积开采，森林资源一度消耗过度。70年代起，当地成立了森林工业公司育苗机构，借助林木的天然林种进行封山育林，起到了很好的效果。植树造林和植被恢复是保持森林经济可持续发展的前提。自90年代开始，在每年植树节前后，八一镇都会组织大规模的植树造林活动。到2005年，共造林670亩，有效减轻了水土流失，改善了生态环境。自2000年开始，八一镇组织了比日神山的植被恢复工作，沿线裸露的地块植被得到了修复。建立森林保护的长效机制是森林经济可持续发展的保障。如八一镇专门设立了公益林专业管护站，拥有护林员732人、生态护林员203名，出台了详细的管理规定，开展了严格的管护工作，并借此开发了公益性岗位，为贫困户提供了就业机会。

四　物质满足与精神激励相结合

（一）精准扶贫重点要解决群众基本生活需求问题

衣食住行是群众最基本的生活需求，改善住房条件、饮水条件、交通条件、取暖条件是群众最能切身感受到的扶贫红利。有的偏远山区，在农村基本生活设施方面呈现出"三低一差"的状况。新房入住率低，新建房屋少，多数为15年以上房龄的房屋，房屋缺少统一规划，即使新房配套设施也不健全。道路硬化率低，即使一些实现硬化的村，硬化质量也不高，时间长了坑坑洼洼，老百姓出行非常不便。自来水入户率低，水源多为地下水和山泉水。受地势高和水源匮乏等影响，加之疏于管理、年久失修、管道老化等原因，跑冒滴漏现象严重。供暖设施差，群众供暖多为自发，设备为炉子、土炕等，供暖条件得不到改善。这些情况严重降低了贫困户的生活质量。八一镇积极推广安居工程、实施"八到农家"工程建设，辖区内各村庄居民居住、饮水、取暖、交通条件得到了较大改善，为开展精准扶贫工作打下了坚实基础。

（二）精准扶贫过程中要加强精神扶贫，尤其要做好归属感教育和党性教育

精准扶贫是党中央根据新形势下的扶贫工作实际，做出的重大决策部署。中国共产党是中国各项社会事业的领导核心，是推动精准扶贫顺利开展的关键力量。精准扶贫

工作的开展是在中国综合国力不断增强，经济社会保持较快发展的背景下进行的，体现了中国共产党的伟大领导，体现了社会主义的巨大优越性。在精准扶贫的过程中，在让贫困户感受到党的关怀和国家的温暖的同时，也要重视加强归属感教育和党性教育，使他们心向国家，心向党，增强凝聚力和自豪感。章麦村在开展精准扶贫过程中，经常组织村民参加升旗仪式等集体活动，遇有重大政治节日，组织贫困户集体收看电视节目，让贫困户感受到国家和集体的温暖，凝聚了人心、鼓舞了干劲。

（三）尊重民族宗教传统，开展有利于民族团结的文化活动是推动西藏农林地区精神文明发展进步的重要内容

西藏农林地区居民多为少数民族，他们有着独特的生活习俗和生活禁忌，需要相互尊重和互相支持。民族团结是维护国家安全和领土完整的重要内容。林芝地区村民主要为工布藏族，在习俗上过藏历新年、工布新年、萨噶达瓦节、转山节等，在饮食、生活、起居、生育方面都有着自己独特的禁忌。八一镇十分重视民族团结工作，成立了以镇党委书记为组长的民族团结领导小组，制订了《林芝市巴宜区八一镇民族团结进步创建活动实施方案》，将民族团结进步创建活动纳入年度工作目标考核，组织各民族群众一起过节日，一起发展生产，并持续开展民族团结表彰和民族团结示范村建设活动，民族团结工作得到了坚实的发展。

（四）开展文体娱乐活动，丰富村民文化生活，是精神扶贫的主要措施

有些偏远山区缺少文娱设施，没有健身场所，没有文化活动室，没有文化宣传墙，没有传播正能量的平台和阵地，村民精神文明建设滞后，封建迷信、非法传教等陈规陋习有抬头趋势，伤害了乡风民风。以前，林芝地区文化设施匮乏，村民晚上除了看电视、打麻将，没有其他去处和娱乐活动。近年来，林芝市积极推动群众文化广场活动，开展新农村新文化示范村创建活动，建设了 13 个乡镇综合文化站、75 个行政村基层服务点，为 489 个行政村配备了图书、书架、桌椅、广场音响等设备，为村民文化活动开展提供了便利条件。如章麦村建成了休闲健身广场，每天都有村民到广场进行锻炼、娱乐。每年利用节庆活动，村里积极开展文化体育活动，组织群众开展自编自导的舞蹈、锅庄、服装秀等具有工布民族风情的文艺演出，组织响箭比赛、拔河、踩气球、歌唱等比赛活动，赢得了村民的支持和拥护。

五　组织建设与政策保障相结合

（一）要以提升执行力为重点，加强基层党组织建设

基层党组织是党开展基层工作的基础，是党联系群众、服务群众最基本最直接最有效的力量。以提升执行力为重点，全面加强基层党组织建设，能够确保基层党组织真正成为推动扶贫脱贫、推动乡村振兴的战斗堡垒。思想政治建设要持

续强化。结合"两学一做"学习教育常态化制度化，深入学习宣传习近平新时代中国特色社会主义思想，切实做到学懂弄通做实。作为高原民族地区，更要提高政治站位，牢固树立"四个意识"，坚定"四个自信"，坚决维护以习近平同志为核心的党中央权威和集中统一领导。要不断加强领导班子建设。基层党组织领导班子是基层工作的表率，承担着重大的责任。特别要重点解决好理想信念、群众观点、精神状态等方面的问题，严守纪律规矩，敢于担当，积极作为，真正成为全村百姓的主心骨、当家人。要提高组织建设水平。扎实开展农村基层党内政治生活，严格落实"三会一课"、组织生活会、民主评议党员等制度，提升基层党建规范化、科学化水平。充分发挥党组织的政治引领功能，用科学理论和先进思想文化教育引导基层各类组织和党员群众听党话、跟党走。

（二）要充分发挥好驻村工作队的作用

习近平总书记指出，选派扶贫工作队是加强基层扶贫工作的有效组织措施。[①] 选派优秀人才组成驻村工作队制度是我国为加快贫困村发展、推动脱贫致富而创立的一项有中国特色的制度。这项制度实施以来，对带动当地经济发展，推动脱贫致富起到了十分显著的作用。选派好驻村人员，发挥好驻村工作队的优势，对精准扶贫工作具有十分巨大的促进作用。要发挥驻村工作队的知识特长。驻村工作队一般从各机关选拔选派，大多具有大学以上学历和

---

① 中共中央党史和文献研究院编《习近平扶贫论述摘编》，中央文献出版社，2018，第37页。

一定的工作经验，知识储备比较充裕。他们眼界开阔、思路宽广，能够研判和分析村落的基本情况，提出有价值的发展建议。要发挥驻村工作队的桥梁纽带作用。西藏农林地区村民普遍文化水平不高，学习能力不强，驻村工作队对国家政策有比较深入的认识和把握，在做群众工作的同时，有利于把党和国家的政策传达和宣讲出去，把基层群众的心声和呼吁收集起来。要发挥驻村工作队的资源优势。驻村工作队的队员，特别是第一书记一般都是在当地党委、政府机关任职的干部，他们可以利用本单位的职能资源，为当地群众宣传优惠政策和提供专业服务。要注意发挥驻村工作队的学习带动作用。驻村工作队与基层党组织朝夕相处，在执行驻村工作任务的同时，也应该发挥帮扶教育作用，帮助基层党员不断进步。

（三）充分利用好医疗教育养老等保障优势

国家在制定政策时，给予了西藏农林地区更多的资金倾斜和自由权限。充分利用和发挥好这些政策优势，是提高精准扶贫效率的直接途径。巴宜区出台和执行了多项惠民政策。如农牧补贴政策，具体包括：一年中，草畜平衡补助每亩 1.5 元，草场监督员每人 5400 元（巴宜区共 10人），牧民生产资料补贴每户 500 元（54 个纯牧户），能繁母猪补贴每头 100 元。另外，针对医疗、城乡低保、五保、孤儿、残疾人、优抚对象还有其他专项优惠和补贴。尤其是对无法通过产业扶持和就业帮助实现脱贫的家庭，还实施了社保兜底脱贫工程，试行政策性保障兜底。这些政策优势是国内许多地区所无法享受和实施的，利用好这些政策优势，将大大加速西藏农林地区扶贫脱贫工作进程。

（四）积极争取援建对接和对口帮扶

党的十九大报告指出："深入实施东西部扶贫协作，重点攻克深度贫困地区脱贫任务。"东部发达地区通过人员、资金、项目的输出支援西部地区建设是我国长期以来的一项发展战略。东部发达地区作为先发展地区，具有丰富的发展经验，能够起到先富带动后富的作用，减少西部地区发展阻碍，使其少走弯路。八一镇从 20 世纪 90 年代起，就在广东省东莞市的援助下，开展了一系列的援建共建工作，至今已实施援建项目 7 批，有力支持了当地的经济社会发展。如 2014 年起进行的第七批援建项目中，已建成小康示范村、巴宜区五保户集中供养项目、巴宜区村卫生室、八一镇色定自然村农家乐、八一镇污水处理厂配套工程等一批民生项目，有力地推动了八一镇扶贫脱贫工作。对口帮扶脱贫也是精准扶贫工作中的一项重要措施。采取帮扶到户、到人的办法，因户施策、因人施策，量体裁衣，使得帮扶措施更有针对性和有效性，更能拉近群众感情，效果也更加明显。如巴宜区按照区领导包乡（镇）、乡（镇）包村到户、村"两委"班子到户到人、驻村工作队派出单位包村到户、乡科级以上党员领导干部包户到人的对口帮扶模式，落实"千干扶千人"及"多对一"帮扶措施，30 名县处级干部与 49 户贫困户、439 名乡科级干部与 245 户贫困户结成扶贫共建对子，实现精准结对帮困全覆盖，使脱贫攻坚工作取得显著成效。

附 录

附录一　调研足迹选登

《八一镇志》编纂座谈会在西藏林芝召开。中国社会科学院科研局局长马援，中国地方志指导小组秘书长、中国地方志指导小组办公室主任冀祥德出席会议并讲话

（周勇进摄，2018年3月）

冀祥德在调研座谈会上表示，西藏特殊的地理位置赋予了做好西藏史志工作更多的必要性，加强新时代史志工作对于破除西方历史虚无主义，维护国家文化安全、战略安全具有十分重要的意义

（周勇进摄，2018年3月）

马援、冀祥德一行到巴吉村调研精准脱贫工作

（安山摄，2018年3月）

马援、冀祥德一行到章麦村调研精准脱贫工作

（安山摄，2018年3月）

马援、冀祥德一行查看章麦村精准脱贫档案资料

（安山摄，2018年3月）

课题组同巴吉村扶贫干部合影

（张鹏摄，2018年4月）

巴吉村农家书屋一角

（刘思鸣摄，2018 年 4 月）

课题组同章麦村扶贫干部合影

（刘思鸣摄，2018 年 4 月）

课题组同章麦村干部交流农村基层治理工作

（张鹏摄，2018 年 4 月）

课题组与公众村"两委"及村民进行座谈

（刘思鸣摄，2018 年 4 月）

八一镇精准脱贫攻坚办公室、工布圣香厂与公众村精准扶贫户签订精准
扶贫合同

（公众村供图，2016 年 10 月）

附录二 巴吉村 2016 年精准扶贫工作计划

巴吉村 2016 年精准扶贫精准脱贫工作计划

巴吉村"两委"驻村工作组根据林芝市委、市政府及八一镇人民政府的总体要求,为进一步扎实开展挂联帮扶精准扶贫工作,切实推动定点帮扶精准扶贫工作,按时按质完成精准扶贫目标任务,结合巴吉村工作实际,制订了2016年度精准扶贫工作计划。

一 帮扶计划

巴吉村"两委"驻村工作组紧紧围绕"看真贫、扶真贫、真扶贫"和"六个到村到户"帮扶措施总要求,通过对贫困户建档立卡,为尽快实现贫困户脱贫特制定以下帮扶措施。

(一)救济粮款等向贫困户倾斜。

(二)镇、村落实帮扶单位责任人。

(三)农业技术培训,让贫困户掌握1~2门农业种植技术。

(四)向用人单位推荐劳动力输出。

(五)争取贴息贷款。

(六)招商引资,土地流转,开发旅游项目,带动第三产业发展。

通过以上帮扶措施，达到扶持一户、成功一户、带动一片、致富一方的目的。

二　工作要求

（一）村"两委"和驻村工作组要以高度的责任感，充分认识做好精准扶贫结对帮扶工作的重要性、复杂性和艰巨性，将此项工作列入重要议事日程，负责本村精准扶贫结对帮扶工作的组织协调和落实，确保精准扶贫结对帮扶工作不走样。

（二）要积极协调、精心安排，积极争取部门支持，帮助种植户协调贴息贷款和产业扶贫项目资金，切实解决帮扶计划中需要解决的困难和问题。

（三）村"两委"和驻村工作队要紧密配合，对照帮扶计划，积极争取广大群众的支持，加快逐一落实，并及时发现和反馈工作中存在的困难和问题，纠正工作中的不足。每月定期向镇扶贫办报告工作实施进度，对在工作中落实不力、推进缓慢，给本村精准扶贫结对帮扶工作造成负面影响的相关责任人予以责任追究。

三　帮扶举措

（一）切实加强基层组织建设。一是充分发挥党支部的战斗堡垒作用。按照"党建带扶贫、扶贫促党建"的要求，加强党员队伍建设，吸引致富能手、知识青年、返乡务工人员、成功人士等加入党组织，注重支部书记的选拔和培养。充分发挥党员干部在筹资投劳中的示范作用、主体作用以及参与项目建设的监管作用、发展致富产业的带动作用，使其真正成为群众增收致富的领路人。二是充分发挥村民委员会的自治作用。发挥好村委会在调动群众积极参与方面的作用，健全和完善村民自治工作机制，建立一套有效推进扶贫项目实施、开展精准扶贫、群众筹资投劳、项目建设监管等方面的村规民约，让群众意识到扶贫开发是自己的事，从而主动参与到扶贫开发中来。三是充分发挥其他组织的带动作用。进一步做大做实群团组织、协会、专业合作社、业主管理委员会等各类基层组织，发挥他们在产业带动、吸纳贫困群众就近务工、信息服务等方面的作用。

（二）整合部门资源优势，最大限度给予资金扶持。坚持统筹发展理念，政府组织领导，部门各司其职，社会市场协同。整合部门资源优势，最大限度给予资金扶持，按照精准扶贫要求，对建档立卡贫困户制订帮扶方案，在产业发展、能力提升、转移就业、医疗救助等方面给予扶持，确保贫困群众增收致富，稳固脱贫。

（三）深入宣传，充分发动群众主动参与的积极性。始终突出农民的受益主体和建设主体地位，深入发动和依靠群众，保障群众的知情权、参与权、监督权和决策权，激发群众的建设热情。注重民主和群众监督，无论是项目的选定还是项目的建设，充分尊重群众的意愿，实行民主决策、民主建设；广泛开展群众监督，项目建设和项目资金使用的全过程都要公开、公示，实现阳光作业。

（四）创新产业扶贫机制，发挥市场主体作用，增强产业助农增收活力。根依托本地优势资源，大力发展特色产业。实行"公司＋专业合作社＋农户"的发展模式，组织农户参加专业合作社，推行股份制经营模式，帮助贫困群众持续增收致富。

四　工作纪律

（一）驻村工作队不干预村"两委"正常工作，不插手和干预村工程建设。

（二）帮扶中严格遵守各项工作纪律，不做有损干部形象的事，维护良好的公众形象和干群关系。

（三）驻村干部要按照县上的统一要求，定期深入农户开展帮扶活动，既要当好服务员，又要当好联络员，及时收集社情民意，加强与乡、村、社和单位的沟通联系，努力推进精准扶贫活动取得新实效。

附录三　公众村 2018 年脱贫攻坚巩固工作计划

公众村 2018 年脱贫攻坚巩固工作计划

根据巴宜区全面建设小康社会的相关文件要求，帮助公众村加强基层组织建设，推动科学发展，促进农民增收，切实为群众办实事、办好事，促进社会和谐，驻村工作队紧紧围绕"看真贫、扶真贫、真扶贫"的工作思路，通过贫困户建档立卡、致贫原因分析，结合召开党支部会议与村民大会、逐户走访村民了解的情况，为尽快满足贫困户致富需求，现制定本计划。

一　目的意义

公众村位于 318 国道旁，拥有优越的地理优势，全村共有 86 户，其中贫困户 9 户，根据 2017 年全区脱贫工作考核标准，全村贫困户已实现全部脱贫。村驻村工作队深刻认识开展双联和精准扶贫干部驻村帮扶工作的重要性。在接下来的工作中，将进一步做好脱贫攻坚的成果巩固工作。与脱贫户进行长期常态化的交流接触，深化新时期扶贫攻坚行动、推进巴宜区全面建成小康社会的重大举措。驻村工作队高度重视双联和精准扶贫干部驻村帮扶工作，在帮扶工作中以脱贫农户为工作对象，以巩固贫困户脱贫成效和防止脱贫户返贫为目的，以规划到户、责任到人为基本要求，拓宽扶贫思路，创新扶贫方式，完善扶贫机制，着力壮大帮扶村集体经济，保障脱贫人口的自我发展能力，加快致富奔小康步伐。

二 工作计划

（一）认真做好脱贫攻坚的巩固工作

巩固扶贫攻坚工作成果是做好驻村帮扶工作的基础。按照上级文件相关要求，进一步统一思想，提高认识，采取有效措施，深入调研走访，全面把握已脱贫户资料，研究对策，厘清思路，巩固扶贫攻坚成果，制订出切实可行的巩固工作成果计划方案，为今后的驻村帮扶工作顺利、健康开展打下坚实基础。

（二）千方百计增加农民收入

结合公众村的实际情况，初步计划从以下几个方面入手。一是整合土地资源。充分利用有限的土地资源，充分开发当地优势。二是大力发展村内旅游，加强村属旅游项目的开发拓展，依托现有资源，将旅游打造成全村脱贫攻坚的重点品牌。三是加强对农牧民的教育培训，使其具备一技之长，帮助农牧民在巴宜区内企业中就业或开拓其他就业门路，增加收入来源。

（三）助推基层组织建设

一是帮助加强村党员队伍建设，对党员队伍采取有针对性的培训管理等措施，提高队伍素质和战斗力。二是帮助加强村干部作风建设。驻村干部要身先士卒，率先垂范，全身心投入工作，要公示、认真走访、建立民情台账，掌握实情，解决实际问题。

（四）加强学习，扎实工作，努力搞好自身建设

1.加强政治理论及农业相关知识学习，全面提高自身素质。

2.严格遵守工作制度和纪律，特别是活动实施方案的要求，用制度管人、按制度办事。

3.谦虚谨慎，勤奋务实，团结拼搏，艰苦创业，以实际行动努力树立驻村干部良好形象，为全村群众走上富裕道路无私奉献。

4.从严要求自己，廉洁自律，依法办事，为基层干部作表率，以实际行动赢得农牧民群众的支持。

三　工作保障机制

1.搞好服务，强化服务意识。身在基层，心系群众，在镇党委、政府的领导下，与村"两委"密切配合，求真务实，开拓创新，把本村民生问题放在首位。

2.探索长效带动机制，使公众村经济可持续发展。

3.开展为困难群众送温暖活动和党员结对帮扶活动，关心困难群众的生产生活，为他们送去党和政府的关怀。

4. 以派出单位为依托，结合本村实际情况，争取协调项目到村实施。

公众村村民委员会

2018 年 6 月 8 日

附录四 公众村访谈纪要

公众村访谈纪要

时　　间：2018 年 4 月 2 日下午

地　　点：公众村公房

被访谈人：公众村支部书记加巴、支部委员格列、村主任阿旺、妇女主任次仁吉、第一书记格桑央金

访 谈 人：课题组成员杨海峰、张鹏、刘思鸣

访谈内容：

课题组：请介绍一下本村的自然地理情况。

加　巴：公众村由公众、色丁、加定 3 个自然村组成，"公众"在藏语中是"坐落在山脚下树林中"的意思。本村位于 318 国道旁、尼洋河北岸，依山傍水，环境优美，交通便利，距林芝市所在地 5 公里。本村现有 6 个村民小组，共有 66 户 275 人，全部为藏族，常住人口 220 人，劳动力 110 人。外出半年以上劳动力 3 人。全村耕地总面积 670 亩，林地面积 91242 亩，退耕还林面积 560 亩。牲畜总数为 2689 头（只、匹）。2017 年人均纯收入达 14000 元。

课题组：请介绍一下本村的经济发展情况。

加　巴：全村共有农民合作社 7 家，农业企业 5 家，加工制造企业 2 家，批发零售、超市、小卖部 1 家。

课题组：请介绍一下本村的社区设施和公共服务

情况。

加　巴：通村道路全部是硬化路面，村内通有线广播，卫星电视实现全覆盖。66户家中有电脑，电脑联网的有52户，使用有线电视的24户，使用智能手机的120人，手机信号实现全覆盖。全村有卫生室1个，共有医生2人，全部都有行医资格证书。全村66户全部通电。全村共有16个垃圾箱。户均宅基地面积300平方米，楼房比例为70%，砖瓦房、钢筋水泥房占30%。全村66户275人全部参加新型合作医疗保险，新型合作医疗缴费标准30元/（年·人）。参加社会养老保险有66户，参加社会养老保险有42人，五保户村集体每年出资4750元。每年村集体拿出2万元帮助困难户。近年来平均年降水量650毫米，主要灌溉水源为地表水、雨水。共建有水渠3500米。

课题组：村里建档立卡贫困人口数量，什么时候脱贫摘帽？

加　巴：9户24人，2016年已全脱贫。

课题组：村里建档立卡识别退出标准和程序是什么？你们具体是怎么操作的？

加　巴：在2015年贫困户建档立卡数据的基础上，2016年再次对全村贫困户情况进行了核实，积极配合区扶贫办和镇扶贫办对贫困户基本信息进行核定完善。通过精准算账，民主评议，村干部、驻村工作队入户核实，公示，公告等程序，精准识别贫困户。坚持标准，做到该扶的一定扶，不该扶的坚决不扶。精准统计，乡镇、区扶贫办审核。

课题组：你们村有没有集体经济？如果有，收入主要用于哪些方面？

加　巴：有集体经济，通过土地流转、发展特色产业、发展旅游等增加村集体经济收入。

课题组：党组织和党员情况呢？

加　巴：党员31人，其中50岁以上党员15人、高中及以上文化程度党员2人。党小组6个，党支部成员3人，村民委员会8人。村"两委"交叉任职人数5人，村民代表人数5人。

课题组：你们村的教育、科技、文化情况？

加　巴：本村有3~5周岁儿童6人、小学阶段适龄儿童14人，其中女生7人；在乡镇上小学6人，在县、市区上小学6人，失学辍学2人。初中阶段学生11人，都在县城上学。本村没有小学，也没有农民文化技术学校。举办农业技术讲座4次，参加培训201人次，参加职业技术培训2人次。本村有图书室1个，藏书2000册。村民主要信仰佛教，村中没有宗教活动场所。村中有体育健身场所1处。村中每月举办一次活动，平均每次参加活动人数10人。年内发生打架斗殴事件5件、偷盗事件1件，接受治安处罚人数2人。

课题组：谈谈驻村工作队情况？

加　巴：现在是第七批驻村工作队，格桑央金是队长，还有3名成员。最近半年在村150天，住了100天，工作队队员作为帮扶责任人联系了9户贫困户。

课题组：驻村工作队主要做了哪些工作？

格桑央金：重新识别贫困户，诊断致贫原因，帮助贫困户制订脱贫计划，帮助落实帮扶措施，参与脱贫考核，接待处理群众上访等。

课题组：你们村有第一书记吗？

加　巴：2016年派来一名第一书记，后来回去了。现在的第一书记是格桑央金。

课题组：当时第一书记主要做了哪些工作？

加　巴：重新识别贫困户，诊断致贫原因，帮助贫困户制订脱贫计划，帮助落实帮扶措施等。

课题组：2016年至今，为帮助贫困人口脱贫，主要做了哪些工作，采取了哪些措施？

加　巴：公众村精准扶贫户的减贫措施包括生活帮扶、企业帮扶、转移就业、产业入股、藏香猪养殖、异地搬迁、助学扶持、社保兜底等。

课题组：谈谈9户贫困户具体是如何脱贫的？

加　巴：针对央吉家中无劳力、子女就学困难，且住房条件极差的实际情况，由区政府投资20余万元在村里给她盖了新房子。为其申报了藏香猪养殖项目，购置幼猪30头，帮助其通过自身努力发展经济，同时，争取了环境监管员岗位2个，争取助学扶持资金6500元。针对格桑家中无劳力、子女就学困难的实际情况，争取了环境监管员岗位1个，助学扶持资金5000元。针对扎西旺姆家中无劳力、子女就学困难的实际，争取了环境监管员岗位1个、助学扶持资金4000元。同时，为拓宽贫困户增收途径，驻村工作队借助工布藏香厂平台，将他们3户纳入合作社帮扶带动范围，只要每月劳动满7天，由藏香厂支付工资1000元，超过7天按市场务工标准增加业绩工资。同时，积极与八一镇对接，全面落实国家兜底政策，及时兑现拨付2户无劳力低保户和4户五保户的国家兜底政策保障资金，确保9户贫困户按时脱贫。

课题组：现在对这9户脱贫户还有什么措施？

加　巴：定期走访，发现问题及时帮助他们解决。

课题组：产业扶贫中如何动员贫困群众参与？

加　巴：贫困户入股，每年分红2000~4000元。

课题组：现阶段脱贫攻坚的工作重点和下一步工作的计划是什么？

格桑央金：严格按照各级党委、政府关于推进扶贫工作攻坚的相关要求，继续做好扶贫攻坚成果巩固工作，使贫困户思想观念得到彻底转变，确保脱贫后不再返贫。

附录五　章麦村访谈纪要

章麦村访谈纪要

时　　间：2018 年 4 月 2 日下午

地　　点：章麦村公房

被访谈人：章麦村支部书记边巴，村委会主任扎西根松，村委会副主任次仁罗布，驻村工作队队长、第一书记李斌，驻村工作队副队长姜林芝，驻村工作队员索朗格列

访　谈　人：课题组成员杨海峰、张鹏、刘思鸣

访谈内容：

课题组：您在全村脱贫攻坚工作中承担了什么职责？

李　斌：我是驻村工作队成员。

课题组：村里建档立卡贫困人口数量是多少？计划什么时候脱贫摘帽？

李　斌：2015 年底章麦村建档立卡脱贫户 9 户 15 人，2016 年实现了贫困村摘帽和贫困户脱贫目标。

课题组：您在驻村工作中遇到的主要困难和问题是什么？

李　斌：对于汉族干部来说语言不通，沟通难；农牧民普遍存在"等靠要"思想；在分配物资，安排项目方面，全村农牧民要求公平合理；由于国家扶持政策较好，村民争当贫困户，认为贫困户得到的实惠多。

课题组：您认为驻村干部最主要的职责任务是什么？

李　斌："5+2+3"，即建强基层组织；维护社会稳定；促进增收致富；深化感恩教育；办实事解难事；落实惠民政策；推进扶贫开发；做好"两降一升"工作；做好宣传教育工作，防止群众上当受骗；做好"争当生态战士·共建生态家园"主题宣讲相关工作。

课题组：驻村工作对您在原单位的工作和发展有什么帮助？

李　斌：驻村以后，更了解基层工作的复杂性，更能体会基层同志工作的不容易，激发我们对现有工作的热爱、热情、斗志。

课题组：2016年以来，村里主要享受了哪些帮扶政策？有哪些资金支持？与2015年相比有哪些变化？

李　斌：帮扶政策：产业帮扶、行业帮扶。

课题组：建档立卡贫困人口动态调整是如何进行的？

李　斌：主要是贫困人口退出，以年初提出的减贫计划为依据，以户为单位，以农户家庭人均纯收入稳定超过国家扶贫线且达到"三不愁、三保障、三有、五享有"为标准，根据贫困户申请脱贫，村民代表大会评议，村"两委"、乡镇党委和政府、脱贫攻坚指挥部审核，村、乡镇、县（区）三级公示，县（区）扶贫开发领导小组审定的程序要求，对已脱贫的贫困人口进行建档立卡系统脱贫操作。

课题组：2016年至今，为帮助贫困人口脱贫，主要做了哪些工作，采取了哪些措施？

李　斌：实施产业脱贫、自主创业脱贫、生态补偿脱贫、易地搬迁脱贫、易地扶贫开发脱贫、政策兜底脱贫等。

课题组：产业扶贫中，如何动员贫困群众参与？

李　斌：召开村民大会，讲清产业项目实施以后带来的利益、后期效益、增收等情况，鼓励贫困群众积极参与项目建设。

课题组：建档立卡贫困户对贷款需求大不大？是否都能享受到扶贫小额信贷政策？

边巴：需求量大，除五保户和少部分低保户无贷款外，其他都有贷款需求。除不满足贷款条件的贫困户外，都能享受扶贫小额贷款政策，均发放金、银、铜、钻石"四卡"和精准扶贫贷款证。

课题组：推进劳务输出有哪些举措？

边巴：我们主动联系单位，让单位帮助贫困劳动力联系外出务工事务；与劳动局对接，联系外出事务。区脱贫攻坚指挥部转移就业组主动与我们贫困劳动力联系，提供适合本人的岗位。

课题组：贫困大病慢性病患者是否能得到及时有效的治疗？

边巴：能，每个行政村均设有卫生室，另外我们林芝建立了医疗救助绿色通道，对患有慢性疾病、长期病等的贫困群众进行正常救助，落实医保政策。

课题组：在现有扶贫措施中，见效最明显的是哪些措施？

边巴：在扶贫措施中见效最明显的是短平快产业项目、易地扶贫搬迁措施、生态岗位和定向补贴。

课题组：您认为应该怎样进一步加强扶贫资金监管？在整治和预防扶贫领域职务犯罪方面您有什么建议？

边巴：扶贫资金是用来帮助群众脱贫致富的"救命钱"，然而有些干部人却把手伸向了这些钱，这些犯罪行为要受到严惩。同时对于扶贫资金，政府部门要加强监督，确保精准扶贫取得成效。要确保每一笔扶贫资金都用到贫困群众身上就要动员各方力量来监督，同时政府也需要有一套严格的项目审批程序、资金使用台账，还要不定期抽查回访群众。

课题组：您觉得您所在的村如期实现脱贫目标主要的困难是什么？

边巴：农牧民的"等靠要"思想较为严重，转变他们的思想观念是一个长期过程，也是短期内最主要的困难。还有底子薄、基础设施条件差、巩固脱贫攻坚成果难。

附
录

附录六 巴吉村访谈纪要

巴吉村访谈纪要

时　　间：2018 年 4 月 3 日下午

地　　点：巴吉村公房

被访谈人：巴吉村党支部书记、村主任米玛，村委会副主任贡嘎，村务监督委员会主任央宗，第一书记赤列旺堆，驻村工作队队员邢薇

访 谈 人：课题组成员杨海峰、张鹏、刘思鸣

访谈内容：

课题组：您在全村脱贫攻坚工作中承担了什么职责？

米　玛：加强与第一书记、驻村工作队和帮扶责任人的沟通协调，因户施策制订脱贫计划、帮扶措施，因地制宜抓好特色产业扶贫项目，发展壮大村集体经济，带动贫困户增收。

课题组：村里建档立卡贫困人口数量是多少？计划什么时候脱贫摘帽？

米　玛：6 户 16 人，2016 年已全部脱贫。

课题组：村里建档立卡识别退出标准和程序是什么？你们具体是怎么操作的？

米　玛：贫困人口脱贫标准：年人均可支配收入达3840 元以上，"两不愁、三保障"，其中"两不愁""三保障"是指不愁吃、不愁穿，义务教育保障、基本医疗保

障、住房保障。贫困户脱贫程序："一申请、一评议、两审核、三公示、一审定"。贫困户申请，村民代表大会评议，村"两委"、乡镇党委和政府、脱贫攻坚指挥部审核，村、乡镇、县（区）三级公示，县（区）扶贫开发领导小组审定。重点是公示期不得少于7天。按照文件要求按步骤进行。

课题组：为帮助贫困人口脱贫，你们主要做了哪些工作，采取了哪些措施？

米　玛：实施自主创业脱贫、实施产业扶持脱贫、实施行业帮扶脱贫、实施企业帮扶脱贫、实施对口帮扶脱贫、实施易地搬迁及设施完善脱贫、实施政府兜底脱贫。

课题组：你们村有没有集体经济？如果有，收入主要用于哪些方面？

米　玛：有集体经济，收入用于办村办企业，增加村集体经济收入。

课题组：村级财务监管工作是如何开展的？

米　玛：村级财务主要是"村账镇代管"。以八一镇为主体，统一记账、统一制度、统一审核、统一提供财务，公开资料，统一建档。巴吉村也有专门的财务人员，由村"两委"工作人员担任，每年度进行一次财务收支公布，包括上年度结余资金，本年度收支情况，公开内容要真实全面，并且受我村监督委员会监督。公开的方式以公开栏为主，对群众所提出的意见和建议，要向群众解释和纠正。每年核算时八一镇包片领导也要参加。

课题组：今年以来，当地主要享受了哪些帮扶政策？

有哪些资金支持?

米　玛：积极开展贫困群众生态岗位政策与职责宣传，及时发放生态补偿岗位资金。

课题组：贫困家庭劳动力外出务工情况怎么样?

米　玛：只有一户政府对其进行产业扶持，帮其开办了一家小商铺，其他的都没有劳动力。

课题组：贫困大病慢性病患者医疗有哪些保障措施？费用报销情况怎样?

米　玛：有民政医疗保险跟保险报销，费用不能全报，只有部分。

课题组：结对帮扶单位有哪些？做了哪些工作？提供了哪些帮助？效果如何？哪些地方需要改进?

赤列旺堆：帮扶力量有巴宜区委副书记、区长严世钦，巴宜区公安局和八一镇人民政府。主要是在节假日送上慰问金跟慰问品。有一户区长对口帮扶贫困户，为其申请资金开办小商店。

课题组：产业扶贫中如何动员贫困群众参与?

赤列旺堆：贫困户入股，每年分红 2500~5000 元。

课题组：请介绍一下"强基惠民活动"的开展情况，取得了哪些效果。

赤列旺堆：自活动开展以来，驻村工作队始终牢记为民服务宗旨，积极落实"5+2+3"工作任务，坚持与群众同吃同住同劳动，扎扎实实抓基层组织建设，全力以赴保平安促和谐，想方设法为群众寻找致富门路，广泛深入开展感党恩，竭尽所能为群众办实事、好事。2016 年以来，驻村工作队多方争取资金 93 万元，积极协助村"两委"修建了打麦场、磨面厂、榨油厂等，种植了 60 亩果树经济林，为 3 户困难户争取到商店项目、保险公司救助资金，着力解决了农牧民群众普遍关心的热点难点问题。

课题组：现阶段脱贫攻坚的工作重点和下一步工作的计划是什么？

赤列旺堆：自 2018 年以来，工作队走村入户、调查摸底，随时与村"两委"进行沟通、交流，打赢脱贫攻坚战。一是制订脱贫攻坚工作计划，成立由村党支部书记为组长的领导小组。二是在日常生活中对贫困户进行跟踪，了解其思想动态、经济收入、家庭情况等。三是积极配合上级部门开展的各项扶贫工作培训，积极主动协调贫困户技能培训工作。四是核对生态岗位基本信息，确保各项资金及时准确无误地发放到贫困户手中。五是积极开展贫困户结对帮扶工作，为贫困户办实事、解难题。下一步，围绕脱贫攻坚主线，以推进乡村振兴战略、维护社会和谐稳定、强基础惠民生、加强基层精神文明建设为着力点，决胜全面建成小康社会。

参考文献

《八一镇志》，方志出版社，2018。

段阳、吴春宝：《西藏农牧业特色产业精准帮扶模式与经验研究》，《西藏发展论坛》2017 年第 2 期。

丰娜娜：《西藏农牧区贫困现状分析》，《中国国际财经（中英文）》2018 年第 2 期。

高星、姚予龙、余成群：《西藏农牧民贫困特征、类型、成因及精准扶贫对策》，《中国科学院院刊》2016 年第 3 期。

国务院扶贫开发领导小组专家咨询委员会调研组：《西藏扶贫开发工作调研报告》，《中国扶贫》2014 年第 16 期。

《国务院关于印发"十三五"脱贫攻坚规划的通知》，《中华人民共和国国务院公报》2016 年 12 月 20 日。

久毛措：《基于贫困脆弱性与可持续生计的我国藏区扶贫开发的长效性思考》，《中国藏学》2017 年第 2 期。

刘春腊等：《中国精准扶贫的省域差异及影响因素》，《地理科学》2018 年第 7 期。

罗绒战堆、陈健生：《精准扶贫视阈下农村的脆弱性、贫困动态及其治理——基于西藏农村社区案例分析》，《财经科学》2017 年第 1 期。

麦正伟、索朗群培、索朗琼珠:《精准扶贫 责任担当——来自林芝市巴宜区八一镇色定村报道》,《西藏日报》2016年4月7日。

麦正伟:《林芝市巴宜区精准脱贫工作纪实》,《西藏日报》2017年11月2日。

孙明泉、孕玛多吉、王昊魁:《民族深情酿出青稞美酒——西藏林芝巴吉村见闻》,《光明日报》2017年10月13日。

童玉芬、王海霞:《中国西部少数民族地区人口的贫困原因及其政策启示》,《人口与经济》2006年第1期。

王文令:《新时期西藏扶贫开发工作的相关思考》,《西藏发展论坛》2016年第5期。

王晓毅:《精准扶贫与驻村帮扶》,《国家行政学院学报》2016年第3期。

王兆峰:《民族地区旅游扶贫研究》,中国社会科学出版社,2011。

《西藏年鉴(2018)》,西藏人民出版社,2019。

西藏自治区扶贫办:《西藏精准扶贫工作的思路及对策》,《西藏日报》2014年10月14日。

习近平:《在决战决胜脱贫攻坚座谈会上的讲话》,《人民日报》2020年3月7日。

《习近平扶贫论述摘编》,中央文献出版社,2018。

《习近平新时代中国特色社会主义思想学习纲要》,学习出版社、人民出版社,2019。

《习近平总书记系列重要讲话读本》,学习出版社、人民出版社,2014。

杨新玲、图登克珠：《对西藏扶贫开发工作成效第三方评估的思考》，《西藏发展论坛》2017年第3期。

《中共中央国务院关于打赢脱贫攻坚战的决定》，《人民日报》2015年12月8日。

后　记

习近平总书记指出，贫穷不是社会主义，如果贫困地区长期贫困，面貌长期得不到改变，群众生活长期得不到明显改善，那就没有体现我国社会主义制度的优越性，那也不是社会主义。① 据 2020 年 5 月 3 日央视网消息："国务院扶贫办最新发布，在党中央坚强领导下，经过全党全社会的共同努力，截至目前，全国 97% 的建档立卡贫困人口实现了脱贫。"到 2020 年底，现行标准下农村贫困人口将全部脱贫，贫困县将全部摘帽，困扰中华民族几千年的绝对贫困问题即将历史性地得到解决，并将创造世界减贫史上的伟大奇迹。中国为解决贫困这一世界性难题，做出了不懈努力，探索出了中国式解决方案——精准扶贫精准脱贫。

为配合好国家精准扶贫精准脱贫工作的实施，加强对重大问题的国情调研，2016 年中国社会科学院启动实施了精准扶贫精准脱贫百村调研国情调研特大项目。2016 年 11 月，中国地方志指导小组办公室结合中国名镇志——

---

①　中共中央党史和文献研究院编《习近平扶贫论述摘编》，中央文献出版社，2018，第 3 页。

《八一镇志》编纂工作，选取西藏自治区林芝市巴宜区八一镇公众村、章麦村、巴吉村作为调研对象进行了项目立项申报。中国社会科学院科研局批复同意后课题组立即启动相关工作。2017年7月，中国地方志指导小组办公室在西藏举办第二期援藏志鉴编纂业务培训班期间，课题组对八一镇进行了调研，并发放了相关调查问卷。2017年11月，课题组实地调研了解东莞市对西藏自治区林芝市八一镇援建情况。2018年3月，中国社会科学院科研局局长马援、中国地方志指导小组办公室主任冀祥德一行到西藏林芝市巴宜区调研精准脱贫和名镇志、名村志工作。每到一处，他们都认真听取村党组织负责人关于基本村情的介绍，详细了解经济发展和精准脱贫情况，仔细查看村级组织活动场所和文化设施建设情况，并与林芝市、巴宜区、八一镇有关领导，以及村"两委"班子成员进行座谈。2018年4月，针对调查问卷的有效问卷数量不足、填写内容不规范等问题，课题组再次到公众村、章麦村、巴吉村进行了调研，对一年来的村落变化、发展情况进行了详细的调查了解，对资料进行了补充。

调研期间，课题组制订了详细的工作方案，在西藏自治区地方志办公室、林芝市地方志办公室和八一镇政府的帮助下，深入田间地头，实地查看居民生产生活情况，与村"两委"和驻村工作队进行座谈，对村庄自然环境、基础设施、主要企业进行实地考察，并收集相关的文字材料。通过对村情的详细掌握，对精准扶贫政策实施、贫困户脱贫过程有了全面了解。

调研走访中，课题组深切感受到"世界屋脊"西藏自治区的经济发展、社会进步、文化繁荣与民族团结，深切感受到西藏农林地区拥有丰富的自然、文化资源，有着不同于平原地区的独特优势。精准扶贫精准脱贫就要因地制宜，挖掘区域比较优势，培育发展扶贫产业，让农牧民群众得到实惠。虽然公众村、章麦村、巴吉村脱贫攻坚只是全国精准扶贫精准脱贫大潮中的几朵浪花，却是我国贫困治理能力明显提升的生动佐证。它们在"扶持谁、谁来扶、怎么扶、如何退"等方面的实践与探索具有一定的借鉴意义和示范效应。相信不远的将来，在精准扶贫精准脱贫思想的指引下，西藏会出现越来越多像公众村、章麦村、巴吉村这样的脱贫村，紧跟时代砥砺前行！

调研结束后，课题组与中国社会科学院科研局进行了对接，交流调研情况并提交调研数据。2018年9月，课题组完成了《精准扶贫精准脱贫百村调研·公众村卷》（安山执笔）、《精准扶贫精准脱贫百村调研·章麦村卷》（张鹏执笔）、《精准扶贫精准脱贫百村调研·巴吉村卷》（刘思鸣执笔）三份调研报告的撰写，由杨海峰审读后提交中国社会科学院科研局。2019年3月、9月，中国社会科学院科研局邀请有关专家进行了审读，提出了对三份调研报告进行整合，增强对比，突出各村特色，整合为一份调研报告的要求。2020年4月，根据中国社会科学院科研局对书稿的新要求，课题组对三份调研报告进行了整合修改。

本课题的顺利实施，得益于中国地方志指导小组办公室，西藏自治区地方志办公室，林芝市地方志办公室，巴宜区委、区政府，八一镇党委、镇政府的高度重视，得益于公众村、章麦村、巴吉村村"两委"和驻村工作队的大力支持，得益于公众村、章麦村、巴吉村受访群众所提供的客观翔实的基础资料，在此一并表示衷心感谢。还要特别感谢中国社会科学院科研局局长马援亲临现场指导调研，感谢中国社会科学院科研局项目成果处处长曲建君、田甜，西藏自治区地方志办公室副主任王会世，中共林芝市委副书记谢英，中共巴宜区委常委、副区长吴永帅，巴宜区副区长、八一镇党委书记赵政权等对课题组的关心和帮助。由于水平有限，书中仍有不尽如人意之处，敬请读者批评指正。

课题组

2020 年 9 月

图书在版编目（CIP）数据

精准扶贫精准脱贫百村调研. 公众村、章麦村、巴吉
村卷：西藏农林地区脱贫之路 / 安山，张鹏，刘思鸣著
. -- 北京：社会科学文献出版社，2020.10
　ISBN 978-7-5201-7514-2

　Ⅰ. ①精…　Ⅱ. ①安…　②张…　③刘…　Ⅲ. ①农村 -
扶贫 - 调查报告 - 林芝　Ⅳ. ① F323.8

　中国版本图书馆CIP数据核字（2020）第213724号

·精准扶贫精准脱贫百村调研丛书·

精准扶贫精准脱贫百村调研·公众村、章麦村、巴吉村卷
　　——西藏农林地区脱贫之路

著　　者 / 安　山　张　鹏　刘思鸣

出 版 人 / 谢寿光
组稿编辑 / 邓泳红
责任编辑 / 王　展

出　　版 / 社会科学文献出版社·皮书出版分社（010）59367127
　　　　　地址：北京市北三环中路甲29号院华龙大厦　邮编：100029
　　　　　网址：www.ssap.com.cn
发　　行 / 市场营销中心（010）59367081　59367083
印　　装 / 三河市尚艺印装有限公司

规　　格 / 开　本：787mm×1092mm　1/16
　　　　　印　张：16.75　字　数：165千字
版　　次 / 2020年10月第1版　2020年10月第1次印刷
书　　号 / ISBN 978-7-5201-7514-2
定　　价 / 59.00元

本书如有印装质量问题，请与读者服务中心（010-59367028）联系